산업인력공단의
모든 **기능장 시험** 대비

공업경영

배 극 윤

예문사

머리말

여러분 반갑습니다.

본 교재로 여러분이 갈구하는 기능장 시험에 보다 쉽게 합격할 수 있는 길라잡이를 할 수 있어 저는 매우 행복합니다.

이 교재는 산업인력공단에서 시행하는 모든 기능장의 공통과목인 공업경영에 특화된 교재입니다.

시중의 기능장 교재는 세부과목으로 공업경영을 다루기는 하나 체계적이지 못한 이론과 기출문제 풀이의 애매모호함으로 확실한 방향을 제시하지 못하고 있어 본 저자는 이번에 출간하는 교재를 통해 이를 획기적으로 바꾸었다고 자부합니다.

본 교재의 특징은 다음과 같습니다.

1. 최신 출제경향과 용어의 변경을 전면 반영하여, 이론과 기출문제를 재구성하였습니다.
2. 지난 20여년간 출제된 문제를 완벽 분석하여, 쉽고 상세한 해설로 공업경영에 쉽게 접근할 수 있도록 하였습니다.

모든 기능장 시험에서 공업경영은 총 60문항 중 6문항(10%)이 같은 문제로 출제됩니다. 따라서 철저히 준비된 이 한 권의 교재로 모든 기능장 1차 시험 대비가 가능합니다.

기능장 1차 시험을 합격하기 위해서는 60문항 중 36문항 이상을 맞아야 합니다.

"공업경영(6문항)은 포기하고 54문항에서 36문항 이상을 맞는 것과
54문항에서 30문항을 맞는 것"

자, 이제 선택합시다. 절대 실망시키지 않는 교재가 될 것이라고 확신합니다.

끝으로 이 교재가 완성되기까지 물심양면으로 도와주신 주경야독 대표님, 한국산업교육원 여러분, 도서출판 예문사에 진심으로 감사를 드립니다.

배극윤

기능장 대비 공업경영 100% 활용하기

1. 한 권으로 25개의 기능장 대비 가능!

각 기능장 1차시험에는 공업경영 문제가 6문제 출제된다. 단지, 어렵다는 이유로 바로 포기해 버리기보다는 6문제는 무조건 맞고 시작하는 시험으로 만들자. 훨씬 편안한 마음으로 시험에 임할 수 있을 것이다.

2. 굵은 글씨는 한 번 더!

모두 필요한 내용만 담은 핵심요약집이지만 그 중에서도 꼭 알아야 하는 개념에는 굵은 글씨로 눈에 띄게 표시를 해 두었다. 굵은 글씨로 쓰여진 내용들은 마지막까지 한 번 더 살펴보면서 익히자.

3. 각종 도표와 표로 한눈에 정리!

수험생들의 이해를 위해서 각종 도표를 이용하였고, 비교가 필요한 부분들마다 표로 작성하여 한눈에 보기 쉽도록 구성하였다. 처음엔 눈에 들어오지 않던 부분들도 반복하여 살펴보면 저절로 알도록 하였다.

4. 기본문제와 기출문제까지 학습 가능!

이론 중간 중간에는 기본문제를 수록하여 개념을 익히도록 하였고, 각 파트의 마지막에는 기출문제를 수록하여 이론을 총정리하도록 하였다. 이론과 문제 모두 이 한 권으로 학습이 가능하다.

PART

01

INDUSTRIAL MANAGEMENT

품질관리

CHAPTER 01 통계적 방법의 기초

SECTION 01 데이터의 정리방법

특정 모집단에 대한 정보(특성)를 얻기 위해 취한 시료(Sample)를 데이터라 칭하며, 이 데이터를 정리·분석함으로써 통계적 품질관리가 이루어진다.

1. 계량치

데이터가 연속량으로서 셀 수 없는 형태로 측정되는 품질특성치로서 사용되는 대표적인 확률분포로는 정규분포가 있다.
📙 길이, 무게, 강도, 온도, 시간 등

2. 계수치

데이터가 비연속량으로서 셀 수 있는 형태로 측정되는 품질특성치로서 사용되는 확률분포로는 초기하분포, 이항분포, 푸아송분포 등이 있다.
📙 부적합품수(불량품수), 부적합수(결점수, 사고건수, 흠의 수 등)

SECTION 02 모집단(母集團)

모집단(개수 : N)이란 데이터를 분석하기 위한 원집단(原集團)을 의미하는 것으로 이러한 모집단의 특성을 수량화할 수가 있으며 이를 **모수(Population Parameter)**라고 칭한다.

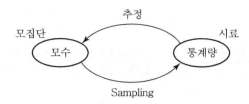

추정

모집단   시료

모수   통계량

Sampling

모평균	• 모집단 분포의 중심위치를 표시한다. • $\mu = E(X)$
모분산	• 모집단의 산포(흩어짐)를 표시한다. • $\sigma^2 = V(X)$
모표준편차	• 모집단의 산포(흩어짐)를 표시한다. (분산의 제곱근 개념, 즉 분산에 Root를 한 값이 된다.) • $\sigma = D(X)$

SECTION 03 시료(Sample)

시료란 모집단인 로트에서 데이터를 샘플링하여 만들어진 집단을 의미하는 것으로 표본, 샘플이라는 용어로 대신하기도 한다. 이러한 시료의 특성은 수량화할 수 있으며, 이를 **통계량(Statistic)**이라 칭한다.

중심적 경향	산술평균($\bar{x}$), 중앙치($\tilde{x}$ 또는 Me), 범위중앙치(M), **최빈값(M_0)**
산포(흩어짐)	제곱합(S), 분산(s^2 또는 V), 표준편차(s 또는 $\sqrt{V}$), 범위(R), 변동계수(CV)

1. 중심위치를 나타내는 통계량

(1) 평균(Mean, $\bar{x}$)

자료의 총합($\sum x_i$)을 자료의 전체개수(n)로 나눈 것이다.

$$\bar{x} = \frac{x_1 + x_2 + \cdots + x_{n-1} + x_n}{n} = \frac{\sum x_i}{n} = \boxed{\bar{x}}$$

※ [$\boxed{\bar{x}}$]는 공학용 계산기에서 단축키를 사용하여 쉽게 계산하는 방법이다.

(2) 중앙값(중위수, Median, $\tilde{x}$ 또는 Me)

자료를 크기의 순서대로 나열했을 때 중앙에 해당하는 값이다.

- 자료의 수가 홀수인 경우 : $\tilde{x} = \dfrac{n+1}{2}$ 번째 값
- 자료의 수가 짝수인 경우 : $\tilde{x} = \dfrac{n}{2}$ 번째 값과 $\left(\dfrac{n}{2}\right) + 1$ 번째 값의 평균값

(3) 최빈값(Mode, M_0)

자료 중에서 가장 많이 나타나는 값으로 도수분포표에서 일반적으로 나타내는 값이며 최빈수라고도 한다.

(4) 범위중앙값(Mid-Range, M)

자료 중에서 가장 큰 값과 가장 작은 값의 평균을 말한다.

$$M = \frac{x_{\min} + x_{\max}}{2}$$

2. 산포(흩어짐)를 나타내는 통계량

(1) 편차

각각의 데이터(x_i)에서 중심치$(\overline{x})$를 뺀 값으로, 즉 $(x_i - \overline{x})$로 표시된다.

(2) 제곱합(S, SS)

편차$(x_i - \overline{x})$를 제곱하여 모두 합한 값이다.

$$S = \sum(x_i - \overline{x})^2 = \boxed{\sum x_i^2} - \frac{\left(\sum x_i\right)^2}{n} = (n-1) \times \boxed{(s_x)^2} = (n-1) \times \boxed{(_x\sigma_{n-1})^2}$$

※ $[\boxed{(s_x)^2}, \boxed{(_x\sigma_{n-1})^2}]$는 공학용 계산기에서 단축키를 사용하여 쉽게 계산하는 방법이다.

(3) 시료의 분산(s^2 또는 V)

제곱합(S)에서 (데이터의 수-1)로 나눈 값을 말한다.

$$s^2 = V = \frac{\sum(x_i - \overline{x})^2}{n-1} = \frac{S}{n-1} = \frac{S}{\nu} = \boxed{(s_x)^2} = \boxed{(_x\sigma_{n-1})^2} \quad (\text{단, } \nu = n-1 : \text{자유도})$$

※ $[\ (s_x)^2 ,\ (_x \sigma_{n-1})^2\ ]$는 공학용 계산기에서 단축키를 사용하여 쉽게 계산하는 방법이다.

(4) 시료의 표준편차(s 또는 $\sqrt{V}$)

$$s = \sqrt{V} = \sqrt{\frac{\sum(x_i - \overline{x})^2}{n-1}} = \sqrt{\frac{S}{n-1}} = s_x = {}_x\sigma_{n-1}$$

※ $[\ s_x ,\ {}_x\sigma_{n-1}\ ]$는 공학용 계산기에서 단축키를 사용하여 쉽게 계산하는 방법이다.

(5) 범위(Range, R)

데이터 중에서 최댓값과 최솟값의 차이를 말한다.

$$R = x_{\max} - x_{\min}$$

(6) 변동계수(Coefficient of Variation)

측정단위가 서로 다른 두 자료나 평균의 차이가 큰 두 로트의 상대적 산포를 비교하는 데 사용한다.

$$CV = \frac{s}{x} \times 100(\%) = s_x \, / \, \overline{x} \times 100(\%) = {}_x\sigma_{n-1} \, / \, \overline{x} \times 100(\%)$$

※ $[\ s_x ,\ {}_x\sigma_{n-1} ,\ \overline{x}\ ]$는 공학용 계산기에서 단축키를 사용하여 쉽게 계산하는 방법이다.

📖 Reference 모수와 통계량의 비교

명칭	모수	통계량
평균	μ	$\overline{x}$
분산	σ^2	s^2
표준편차	σ	s
범위	–	R
비율	P	p(소문자) 또는 $\hat{p}$

기본문제 01

다음 8개의 데이터에서 (1) 평균, (2) 중앙값, (3) 최빈수, (4) 범위, (5) 제곱합, (6) 분산, (7) 표준편차, (8) 변동계수를 각각 구하시오.(단위 : cm)

DATA : 3   9   6   15   5   3   5   5

(1) 평균 $\bar{x} = 6.375$

풀이 $\bar{x} = \dfrac{\sum x_i}{n} = \dfrac{51}{8} = 6.375 = \boxed{\bar{x}}$

※ $\boxed{\bar{x}}$ 의 의미는 공학용 계산기에서 단축키를 의미한다.

(2) 중앙값 $\tilde{x} = 5$

풀이 데이터를 크기 순으로 정리하면 3 3 5 5 5 6 9 15가 되며, 이때 중앙값은

$\tilde{x} = \dfrac{x_4 + x_5}{2} = \dfrac{5+5}{2} = 5$ 가 된다.

(3) 최빈수 $M_0 = 5$

풀이 동일한 값으로 가장 자주 나타난 데이터는 5로서 총 3회가 나타났다. 그러므로 최빈수(Mode)는 5가 된다.

(4) 범위 $R = 12$

풀이 $R = x_{\max} - x_{\min} = 15 - 3 = 12$

(5) 제곱합 $S = 109.875$

풀이
- $S = \sum (x_i - \bar{x})^2 = (3-6.375)^2 + \cdots + (5-6.375)^2 = 109.875$
- $S = \left[\sum x_i^2 - \dfrac{(\sum x_i)^2}{n} \right] = \left[435 - \dfrac{51^2}{8} \right] = 109.875$
- $S = (n-1) \times \boxed{(s_x)^2} = 7 \times \boxed{(s_x)^2} = 109.875$ 또는
- $S = (n-1) \times \boxed{(_x\sigma_{n-1})^2} = 7 \times \boxed{(_x\sigma_{n-1})^2} = 109.875$

※ $[\boxed{(s_x)^2}, \boxed{(_x\sigma_{n-1})^2}]$의 의미는 공학용 계산기에서 단축키를 사용하여 쉽게 계산하는 방법이며, 계산기 기종에 따라 표준편차(s)를 s_x 또는 $_x\sigma_{n-1}$로 다르게 표시한다.

(6) 분산 $s^2 = 15.696$

풀이 $s^2 = V = \dfrac{S}{n-1} = \dfrac{109.875}{7} = 15.696$ 또는 $s^2 = \boxed{(s_x)^2} = \boxed{(_x\sigma_{n-1})^2} = 15.696$

※ [$(s_x)^2$, $(_x\sigma_{n-1})^2$]의 의미는 공학용 계산기에서 단축키를 사용하여 쉽게 계산하는 방법이다.

(7) 표준편차 $s = 3.962$

◆풀이 $s = \sqrt{\dfrac{S}{n-1}} = \sqrt{\dfrac{109.875}{7}} = 3.962$ 또는 $s = \boxed{s_x} = \boxed{_x\sigma_{n-1}} = 3.962$

※ [$\boxed{s_x}$, $\boxed{_x\sigma_{n-1}}$]의 의미는 공학용 계산기에서 단축키를 사용하여 쉽게 계산하는 방법이다.

(8) 변동계수 $CV = 0.621$

◆풀이 $CV = \boxed{s_x} / \boxed{\bar{x}} = \boxed{_x\sigma_{n-1}} / \boxed{\bar{x}} = 0.621$

※ [$\boxed{s_x}$, $\boxed{_x\sigma_{n-1}}$, $\boxed{\bar{x}}$]의 의미는 공학용 계산기에서 단축키를 사용하여 쉽게 계산하는 방법이다.

기본문제 02

다음 중 계량치 데이터가 아닌 것은?

① KTX 일일 수입금액
② 냉장고의 평균수명
③ 철강제품의 인장강도
④ 컴퓨터 부품의 부적합품수

◆풀이 계량치 데이터는 연속값으로 측정하는 값이므로 ④는 비연속값으로 계수치 데이터이다.

◆정답 ④

기본문제 03

25개 데이터의 합과 제곱합이 다음과 같을 때 편차제곱합(Sum of Squared Deviation) S는 얼마인가?

$$\sum x = 345, \quad \sum x^2 = 4,950$$

① 189.00
② 312.96
③ 4,602.51
④ 4,756.85

◆풀이 $S = \sum x_i^2 - \dfrac{(\sum x_i)^2}{n} = 4,950 - \dfrac{345^2}{25} = 189.00$

◆정답 ①

CHAPTER 02 확률분포

SECTION 01 이항분포(Binomial Distribution)

1. 정의
(1) 부적합품수, 부적합품률 등의 계수치에 사용한다.
(2) 모집단 부적합품률 P의 로트로부터 n개의 샘플을 뽑을 때, 샘플 중의 발견되는 부적합품수 x의 확률을 의미한다.

2. 계산식

$$P_r(x) = \binom{n}{x} P^x (1-P)^{n-x} = {}_nC_x P^x (1-P)^{n-x}$$

3. 기댓값과 산포값
(1) 기댓값 $E(x) = n \cdot P$
(2) 분산 $V(x) = n \cdot P(1-P)$
(3) 표준편차 $D(x) = \sqrt{nP(1-P)}$

4. 특징
(1) $P=0.5$일 때 분포의 형태는 기대치 nP에 대하여 좌우대칭이 된다.
(2) $nP \geq 5$, $n(1-P) \geq 5$일 때 정규분포에 근사한다.
(3) $P \leq 0.1$이고, $nP=0.1 \sim 10$일 때는 푸아송분포에 근사한다.

기본문제 04

부적합품률이 2%인 모집단에서 $n=4$개의 시료를 랜덤샘플링했을 때 부적합품수 x가 1개일 확률을 구하시오.

풀이 $P_r(x) = {}_nC_x P^x (1-P)^{n-x}$에서 $P=0.02$, $n=4$, $1-P=0.98$

$\therefore P_r(x=1) = {}_4C_1 (0.02)^1 \times (0.98)^3 = 0.0753$

기본문제 05

3개의 주사위를 던질 때 짝수의 눈이 나오는 개수(x)의 기대치 및 분산은?

① $E(x) = 1.5$, $V(x) = 0.75$ ② $E(x) = 1.5$, $V(x) = 1.5$

③ $E(x) = 0.75$, $V(x) = 1.5$ ④ $E(x) = 0.75$, $V(x) = 0.75$

풀이 $E(x) = nP = 3 \times 0.5 = 1.5$, $V(x) = nP(1-P) = 3 \times 0.5 \times (1-0.5) = 0.75$

정답 ①

SECTION 02 초기하분포(Hypergeometric Distribution)

1. 정의

이항분포에서 N이 시료의 크기 n에 비해 상대적으로 적은 경우$\left(\dfrac{N}{n} \le 10\right)$ 또는 데이터의 비복원 추출에서 사용한다($N \le 50$).

2. 계산식

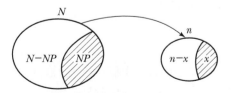

$$P_r(x) = \frac{\dbinom{NP}{x}\dbinom{N(1-P)}{n-x}}{\dbinom{N}{n}}$$

기본문제 06

15개의 전구 중 5개가 부적합품이다. 여기에서 임의로 3개의 전구를 집었을 때, 1개가 부적합품일 확률은 약 얼마인가?

① 0.067

② 0.111

③ 0.435

④ 0.495

풀이 초기하분포 $\left(\dfrac{N}{n} \le 10\right)$ $P_r(x) = \dfrac{_{10}C_2 \times _5C_1}{_{15}C_3} = 0.4945$

정답 ④

SECTION 03 푸아송분포(Poisson Distribution)

1. 정의

단위시간, 단위공간, 단위면적에서 그 사건의 발생횟수를 측정하는 확률변수의 분포 즉, 부적합수, 부적합률, 사고건수 등의 계수치에 사용한다.

2. 계산식

$$P_r(x) = \frac{e^{-m} \times m^x}{x!} \text{(단, } m > 0)$$

SECTION 04 정규분포(Normal Distribution)

1. 정규분포의 의의

대표적인 연속확률분포로서 좌우대칭과 종형의 산포를 갖는 계량품질 특성값 x 에 관심이 있는 경우에 사용한다. 평균 μ 에 대해 좌우대칭(Symmetric)이며, 그 퍼진 정도가 표준편차(σ)인 종형(Bell-Shaped)의 모양을 갖는다. 따라서 이 분포는 μ 와 σ 값에 의해 특징이 나타나며, $x \sim N(\mu, \sigma^2)$ 으로 표기한다.

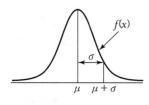

[정규분포 $N(\mu, \sigma^2)$]

2. 정규분포의 특징

(1) 평균을 중심으로 좌우대칭인 종모양이다.

(2) 평균치($\bar{x}$), 중앙치($\tilde{x}$), 최빈수(M_0) 모두가 같다.

(3) 정규분포의 확률밀도함수곡선과 수평축 사이의 전체 면적은 1이다.

(4) $u_i \sim N(0, 1^2)$을 표준정규분포라 한다.

🔧 기본문제 07

이상적인 정규분포에 있어 중앙치, 평균치, 최빈값 간의 관계는?

① 모두 같다.

② 모두 다르다.

③ 평균치와 최빈값은 같고, 중앙치는 다르다.

④ 평균치와 중앙치는 같고, 최빈값은 다르다.

●풀이 산술평균, 중앙값, 최빈값은 분포가 좌우대칭이면 3개의 값이 모두 같으며 중심에 나타난다.

 ●정답 ①

🔧 기본문제 08

정규분포에 대한 설명으로 틀린 것은?

① 분포가 이산적이다.

② 평균치를 중심으로 좌우대칭이다.

③ 곡선의 모양은 산포의 정도 σ에 의해 결정된다.

④ 확률변수 X를 $\dfrac{X-\mu}{\sigma}$로 치환하면 표준정규분포가 된다.

●풀이 ① 분포가 연속인 연속확률분포이다.

 ●정답 ①

CHAPTER 03 샘플링검사

SECTION 01 검사(Inspection)란?

1. 검사의 정의

물품을 어떠한 방법으로 측정한 결과를 판정기준과 비교하여 각 물품의 적합품·부적합품을 로트에 대해서는 합격·불합격의 판정을 내리는 것을 검사라 한다.

2. 검사의 목적

(1) 좋은 로트와 나쁜 로트를 구분하기 위하여
(2) 적합품·부적합품을 구별하기 위하여
(3) 다음 공정이나 고객에게 부적합품이 전달되지 않기 위하여
(4) 생산자의 생산의욕 및 고객에게 신뢰감을 주기 위하여

3. 검사의 분류

(1) 검사가 행해지는 공정(목적)에 의한 분류

① 수입(구입)검사
② 공정(중간)검사
③ 최종(완성)검사
④ 출하검사

(2) 검사가 행해지는 장소에 의한 분류

① 정위치검사
② 순회검사
③ 출장(외주)검사

(3) 검사의 성질에 의한 분류
　① 파괴검사
　② 비파괴검사
　③ 관능검사

(4) 검사방법(판정대상)에 의한 분류
　① 전수검사
　② 무검사
　③ 로트별 샘플링검사
　④ 관리 샘플링검사(체크검사)
　⑤ 자주검사

(5) 검사항목에 의한 분류
　① 수량검사　　　　　　② 중량검사
　③ 치수검사　　　　　　④ 외관검사
　⑤ 성능검사

SECTION 02 샘플링검사의 개념

샘플링검사란, 로트로부터 시료를 뽑아 그 결과를 판정기준과 비교하여, 그 로트의 합격·불합격을 판정하는 검사이다.

1. 전수검사와 샘플링검사의 비교

전수검사	샘플링검사
• 부적합품이 1개라도 혼입되면 경제적으로 큰 영향을 미치는 경우 • 안전에 중대한 영향을 미치는 경우 • 검사비용에 비해 얻는 효과가 큰 경우 • 귀금속과 같은 고가품의 경우	• 파괴검사인 경우 • 검사항목이 많은 경우 • 다수·다량의 것으로 어느 정도 부적합품의 혼입이 허용되는 경우 • 생산자에게 품질 향상의 자극을 주고 싶은 경우

2. 샘플링검사의 분류

구분 내용	계수 샘플링검사	계량 샘플링검사
검사방법	• 숙련을 요하지 않는다. • 검사 소요기간이 짧다. • 검사설비가 간단하다. • 검사기록이 간단하다.	• 숙련을 요한다. • 검사 소요시간이 길다. • 검사설비가 복잡하다. • 검사기록이 복잡하다.
검사기록의 이용	검사기록이 다른 목적에 이용되는 정도가 낮다.	검사기록이 다른 목적에 이용되는 정도가 높다.

적용이
유리한 경우
	• 검사비용이 적은 경우
	• 검사의 시간, 설비, 인원이 많이
	  필요 없는 경우
		• 검사비용이 많은 경우
		• 검사의 시간, 설비, 인원이 많이
		  필요한 경우

3. 샘플링검사의 용어 정리

용어	설명
오차 (Error)	모집단의 참값(μ)과 시료의 측정치(x_i)와의 차, 즉 ($x_i - \mu$)로 정의된다.
신뢰도(성) (Reliability)	시료에서 측정한 데이터로서 모집단을 추정하는데, 이 데이터를 얼마나 신뢰할 수 있는가를 표현한 값이다.
정(밀)도 (Precision)	동일 시료를 무한히 측정하면 어떤 산포를 갖게 되는데 이 산포의 크기를 의미하는 것이다.
치우침 (Accuracy)	동일 시료를 무한히 측정할 때 얻는 데이터 분포의 평균치와 모집단의 참값과의 차를 의미하며, 정확도라고도 한다. ($\bar{x} - \mu$)

기본문제 09

측정오차의 정밀도(Precision)를 표시하는 척도가 아닌 것은?

① 최빈수　　　　　　　　② 범위
③ 분산　　　　　　　　　④ 표준편차

풀이 정밀도란 산포폭의 크기를 수치화한 것으로 최빈수는 중심을 표시하는 척도이다.

정답 ①

4. 샘플링검사의 종류

(1) 랜덤샘플링검사

종류	내용
단순랜덤샘플링	유한모집단(N)에서 표본(n)을 골고루 뽑을 때를 말한다.
계통샘플링	유한모집단의 데이터를 일련의 배열로 한 다음 공간적, 시간적으로 같은 간격으로 일정하게 하여 뽑는 샘플링방법이다. 이때, 뽑힌 데이터에 주기성이 들어갈 위험성이 존재한다.
지그재그샘플링	계통샘플링에서 주기성에 의한 편기가 들어갈 위험성을 방지하도록 한 샘플링 방법이다.

> **예** 어떤 로트 안의 데이터는 600개(N)로 이루어져 있다. 이 로트에서 제품을 랜덤하게 100개(n)의 부품을 뽑는 경우가 (단순)랜덤샘플링에 해당된다.

(2) 층별샘플링(Stratified Sampling)

모집단을 몇 개의 층($M=m$)으로 나누어서 각 층으로부터 각각 랜덤하게 시료(n)를 뽑는 방법이다.

> **예** 부품이 30(N')개씩 든 상자, 20($M=m$)상자가 로트로 구성되어 있다. 이 로트의 각 상자에서 랜덤하게 20개(n)씩 뽑는 경우가 층별샘플링에 해당된다.

(3) 집락(취락)샘플링(Cluster Sampling)

모집단을 몇 개의 층($M \neq m$)으로 나누어 그 층 중에서 몇 개의 층(m)을 랜덤샘플링하여 그 취한 층 안을 모두 조사하는 방법이다.

> **예** 부품이 30(N')개씩 든 상자, 20(M)상자가 로트로 구성되어 있다. 20개(M)의 상자 중 2개(m)의 상자를 랜덤하게 샘플링한 후, 각 상자의 부품을 전부 검사하는 경우가 집락샘플링에 해당된다.

(4) 2단계샘플링(Two Stage Sampling)

모집단을 몇 개의 층($M>m$)으로 나누어 그 층 중에서 몇 개의 층(m)을 랜덤샘플링하고, 그 층(m)에서 n개를 뽑아 조사하는 방법이다.

> **예** 부품이 30(N')개씩 든 상자, 20(M)상자가 로트로 구성되어 있다. 20개(M)의 각 상자로부터 우선 10개(m)의 상자를 랜덤하게 취하고, 그 취해진 각 상자로부터 랜덤하게 20개(n)씩 뽑는 경우가 2단계샘플링에 해당된다.

SECTION 03 OC(Operating Characteristic)곡선

1. OC곡선의 정의

샘플링검사에서의 OC(Operating Characteristic)곡선이란, 검사특성곡선의 의미로, 부적합품률 또는 특성치(평균치)의 값에 따라 로트 자체가 얼마나 합격이 될 것인가를 예측하는 그래프이다. 즉, 로트의 부적합품률 $p(\%)$(계수치), 특성치 m (계량치)를 가로축에, 로트가 합격하는 확률 $L(p)$(계수치), $L(m)$(계량치)를 세로축에 잡아 양자의 관계를 나타낸 그래프이다.

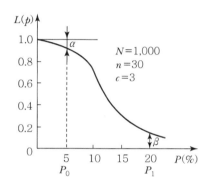

- P_0 : 가급적 합격시키고 싶은 로트 부적합품률의 상한
- P_1 : 가급적 불합격시키고 싶은 로트 부적합품률의 하한
- α : 좋은 로트가 불합격될 확률
- β : 나쁜 로트가 합격될 확률

2. OC곡선의 성질

(1) N이 변하는 경우(c, n 일정)

① OC곡선에 큰 영향을 미치지 않는다.

② N이 클 때는 N의 크기가 작을 때보다 다소 시료의 크기를 크게 해서 좋은 로트가 불합격되는 위험을 적게 하는 편이 경제적인 경우가 많다.

(2) %샘플링검사 $\left(\dfrac{c/n}{N} = \text{일정} \right)$

① 부적절한 샘플링검사방법이다.

② 좋은 로트 또는 나쁜 로트의 합격률에 영향을 많이 준다.

③ 품질보증의 정도가 달라지므로 일정한 품질을 보증하기가 곤란하다.

(3) n 이 증가하는 경우(N, c 일정)

① OC곡선의 기울기가 급해진다.

② 생산자 위험(α)은 커지고 소비자 위험(β)은 감소한다.

(4) c 가 증가하는 경우(N, n 일정)

① OC곡선의 기울기가 완만해진다.

② α는 감소하고 β는 증가한다.

SECTION 04 샘플링검사의 분류

1. 계수 · 계량 규준형 샘플링검사(KS Q 0001)

원칙적으로 목전의 로트 그 자체의 합격 · 불합격을 결정하는 것으로, 파는 쪽에 대한 보호와 사는 쪽에 대한 보호의 두 가지를 규정해서, 파는 쪽의 요구와 사는 쪽의 요구를 모두 만족하도록 짜여 있다.

(1) 계수규준형 샘플링검사

로트에서 샘플링한 시료를 분석한 후 부적합품의 수가 합격판정개수(c) 이하 이면 로트를 합격, 초과하면 불합격으로 처리한다.

① 특징

㉠ 1회만의 거래 시에 좋다.

㉡ 로트에 관한 사전정보를 필요로 하지 않는다.

㉢ 파괴검사와 같은 전수검사가 불가능할 때 사용한다.

㉣ 생산자와 구매자 양쪽이 만족하도록 설계되어 있다.

(2) 계량규준형 샘플링검사

로트에서 샘플링한 시료특성치의 평균치 $\overline{x}$를 기지의 표준편차로써 계산한 합격판정치 $\overline{X_U}$ 또는 $\overline{X_L}$과 비교하여 로트의 합격 · 불합격을 판정하는 것이다.

2. 계수값 합부판정 샘플링검사(KS Q ISO 28590)

연속의 로트로 제출된 제품의 검사인 AQL지표형 샘플링검사(KS Q ISO 2859 − 1), 지정된 AQL보다 품질이 우수한 로트인 경우 검사개수를 줄이는 방법인 스킵로트 샘플링검사(KS Q ISO 2859 − 3), 고립로트의 검사인 LQ지표형 샘플링검사(KS Q ISO 2859 − 2)가 있다.

(1) AQL지표형 샘플링검사(KS Q ISO 2859 − 1)

공급자가 제출하는 로트 자체의 품질보다 프로세스 품질에 관심이 있는 경우에 적용하는 샘플링검사 방식으로, 제출되는 로트가 연속로트인 경우 구입자측에서 합격으로 할 최소한 로트의 품질(AQL)을 정하고, 이 수준보다 좋은 품질의 로트를 제출하는 한 거의 다 합격($1 - \alpha$)시킬 것을 공급하는 쪽에 보증한다. 이 샘플링검사는 검사의 엄격도 즉, 까다로운 검사, 보통검사, 수월한 검사가 존재한다.

(2) LQ지표형 샘플링검사(KS Q ISO 2859 − 2)

합격시키고 싶지 않은 로트의 품질수준인 LQ에 따른 계수값 합부판정샘플링검사의 샘플링방식 및 샘플링검사 절차에 대하여 규정한다.

(3) 스킵로트(Skip − Lot)샘플링검사(KS Q ISO 2859 − 3)

공급자가 모든 면에서 그 품질을 효과적으로 관리하는 능력이 있는 것을 실증하고, 요구조건에 합치하는 로트를 계속적으로 생산하는 연속로트에 적용할 수 있다.

기본문제 10

계수값 검사에 대한 샘플링 검사 절차 - 제1부 : 로트별 검사에 대한 AQL 지표형 샘플링 검사 방식의 규격은?

① KS Q ISO 2859 − 1　　　　② KS Q ISO 2859 − 2
③ KS Q ISO 28591　　　　　④ KS Q ISO 39511

풀이 ② LQ 지표형 샘플링 검사
③ 계수값 축차 샘플링 방식
④ 계량값 축차 샘플링 방식

정답 ①

CHAPTER 04 관리도

SECTION 01 관리도의 개념

1. 관리도의 정의

품질의 산포(변동)가 우연원인에 의한 것인지 또는 이상원인에 의한 것인지를 판별하고, 다시 말해 공정이 안정상태(또는 관리상태)에 있는지의 여부를 판별하고 공정을 안정상태로 유지함으로써 제품의 품질을 균일화하기 위한 수법이다.

2. 품질의 변동

변동원인	발생이유
우연원인 (Chance Causes)	• 생산조건이 엄격하게 관리된 상태에서도 발생되는 어느 정도의 불가피한 변동을 주는 원인이다.(확률적으로 나타난다) • 숙련도 차이, 작업환경의 차이, 식별되지 않을 정도의 원자재 및 생산설비 등 제반 특성의 차이 등을 말한다. • 불가피원인 또는 만성적 원인이라고도 한다.
이상원인 (Assignable Causes)	• 작업자의 부주의, 불량자재의 사용, 생산설비상의 이상으로 발생하는 원인으로 사전예방으로 충분히 제거가 가능한 원인이다.(비확률적으로 나타난다) • **이상원인에 의한 변동은 산발적이며 그 변동 폭이 크고 그 요인이 무엇인지 밝혀낼 수 있다.** • 가피원인, 우발적 원인, 보아 넘기기 어려운 원인이라고도 한다.

3. 관리도의 3σ법

(1) 관리한계선은 우연원인에 의한 변동과 이상원인에 의한 변동을 합리적으로 구별하기 위한 한계로서 중심선(Center Line ; C_L)의 상하에 긋는데, 위에 긋는 선을

관리상한선(Upper Control Limit ; U_{CL}), 밑에 긋는 선을 관리하한선(Lower Control Limit ; L_{CL})이라고 부른다.

(2) 관리도에서 $C_L \pm 2\sigma$를 경고선(Warning Limit), $C_L \pm 3\sigma$를 조치선(Action Limit)이라 한다.

(3) 관리도에서는 시료에서 얻어진 데이터가 평균치를 중심으로 $\pm 3\sigma$ 안에 포함될 확률은 정규분포에서 평균을 중심으로 해서 표준편차의 3배까지의 거리와 같은 99.73%가 되므로, **만약 공정의 산포가 우연원인으로만 존재한다면 관리도의 3σ법을 벗어날 확률은 0.27%밖에 되지 않게 된다.**

4. 관리도의 작성순서

(1) 관리하려는 제품이나 종류를 선정한다.
(2) 관리하여야 할 항목을 선정한다.
(3) 관리도를 선정한다.
(4) 시료를 채취하고 측정하여 관리도를 작성한다.

5. 관리도의 종류

계량치관리도	계수치관리도
• $\bar{x} - R$(평균치와 범위) 관리도	• np(부적합품수) 관리도
• $\bar{x} - s$(평균치와 표준편차) 관리도	• p(부적합품률) 관리도
• $\tilde{x} - R$(중앙치와 범위) 관리도	• c(부적합수) 관리도
• $x - R_m$(개개의 측정치와 이동범위) 관리도	• u(단위당 부적합수) 관리도

SECTION 02 계량값관리도

1. $\bar{x} - R$ 관리도

(1) 관리대상

① 공정에서의 품질특성이 길이, 무게, 시간, 강도, 성분 등과 같이 데이터가 연속적인 계량치의 경우에 사용되는 대표적인 관리도이다.

② 완성축의 지름, 실의 인장강도, 아스피린 순도, 전구의 소비전력, 바이트의 소입온도 등의 계량치에 주로 사용된다.

③ 데이터의 수집은 군의 수(k) 20~25, 시료의 크기(n)는 4~5개를 사용하고, 군내에는 이질적인 데이터가 포함되지 않도록 한다.

(2) 관리한계선

통계량	중심선	U_{CL}	L_{CL}
$\overline{x}$	$\overline{\overline{x}} = \dfrac{\sum \overline{x}}{k}$	$\overline{\overline{x}} + A_2 \overline{R}$	$\overline{\overline{x}} - A_2 \overline{R}$
R	$\overline{R} = \dfrac{\sum R}{k}$	$D_4 \overline{R}$	$D_3 \overline{R}$
참고 사항	$n \leq 6$일 때 D_3의 값은 음($-$)의 값이므로 "L_{CL}은 고려하지 않는다."는 의미로 표기는 '$-$'로 한다.		

기본문제 11

유화광의 배소공정에서 소광 중의 잔류유황을 정량하여 배소효율을 관리하고 있는 공정이 있다. 1일에 5개의 측정치가 나오므로 이것을 1군으로 하여 25일간의 데이터에 대하여 $\overline{x}$와 $\overline{R}$을 구하여 $\overline{\overline{x}} = 1.61$, $\overline{R} = 1.57$이 얻어졌다면 $\overline{x} - R$ 관리도의 관리한계는 어떻게 되겠는가?(단, $n = 5$일 때 $A_2 = 0.577$, $D_4 = 2.115$)

풀이 $\overline{x}$: $U_{CL} = \overline{\overline{x}} + A_2 \overline{R} = 2.516$, $L_{CL} = \overline{\overline{x}} - A_2 \overline{R} = 0.704$
R : $U_{CL} = D_4 \overline{R} = 3.321$, $L_{CL} = D_3 \overline{R} = -$ (고려하지 않음)

2. $\overline{x} - s$ 관리도

(1) 관리대상

계량데이터를 관리하는 경우, 대부분은 $\overline{x} - R$ 관리도를 사용하나, 군의 크기 ($n \geq 10$)가 클 때는 $\overline{x} - s$ 관리도를 사용하면 $\overline{x} - R$ 관리도보다 상대적으로 효율성이 좋은 관리도가 형성된다.

(2) 관리한계선

통계량	중심선	U_{CL}	L_{CL}
$\overline{x}$	$\overline{\overline{x}} = \dfrac{\sum \overline{x}}{k}$	$\overline{\overline{x}} + A_3 \overline{s}$	$\overline{\overline{x}} - A_3 \overline{s}$
s	$\overline{s} = \dfrac{\sum s}{k}$	$B_4 \overline{s}$	$B_3 \overline{s}$

3. $\tilde{x} - R$ 관리도

(1) 관리대상

$\overline{x}$를 계산하는 시간과 노력을 줄이기 위해서 $\overline{x}$ 대신에 $\tilde{x}$(Median, 중앙치)를 사용하는 관리도로서, 관리한계폭이 $\overline{x}$ 관리도에 비해 $m_3 (\geq 1)$배만큼 증가하므로, 정밀도가 떨어지는 단점은 있으나 이질적 데이터에 크게 영향을 받지 않는다는 장점도 있다.

(2) 관리한계선

통계량	중심선	U_{CL}	L_{CL}
$\tilde{x}$	$\overline{\tilde{x}} = \dfrac{\sum \tilde{x}}{k}$	$\overline{\tilde{x}} + m_3 A_2 \overline{R} = \overline{\tilde{x}} + A_4 \overline{R}$	$\overline{\tilde{x}} - m_3 A_2 \overline{R} = \overline{\tilde{x}} - A_4 \overline{R}$
R	$\overline{R}$	$D_4 \overline{R}$	$D_3 \overline{R}$

4. $x - R_m$ 관리도

(1) 관리대상

데이터를 군으로 나누지 않고 개개의 측정치를 그대로 사용하여 공정을 관리할 경우, 즉 1로트 또는 배치로부터 1개의 측정치밖에 얻을 수 없는 경우에 사용한다.

(2) 관리한계선

통계량	중심선	U_{CL}	L_{CL}
개개의 값 x	$\overline{x} = \dfrac{\Sigma x}{k}$	$\overline{x} + 2.66\overline{R_m}$	$\overline{x} - 2.66\overline{R_m}$
이동범위 R_m	$\overline{R_m}$	$3.267\overline{R_m}$	–
참고사항	$\overline{R_m} = \dfrac{\Sigma R_{m_i}}{(k-1)}$ $\qquad R_{m_i} =$ | i번째 측정치 $-(i+1)$번째 측정치 | $n = 2$일 때 $E_2 = 2.66,\ D_4 = 3.267,\ D_3 =$ " $-$ "		

SECTION 03 계수값관리도

1. np 관리도

(1) 관리대상

① **이항분포를** 근거로 하여, 공정의 부적합품수 np를 관리할 때 사용하므로 군의 크기 n은 반드시 일정하여야 한다.

② 전구의 부적합품수, 나사치수의 부적합품수 등의 관리에 이용된다.

(2) 관리한계선

통계량	중심선	U_{CL}	L_{CL}
np	$n\overline{p}$	$n\overline{p} + 3\sqrt{n\overline{p}(1-\overline{p})}$	$n\overline{p} - 3\sqrt{n\overline{p}(1-\overline{p})}$
참고사항	$n\overline{p} = \dfrac{\Sigma np}{k},\ \ \overline{p} = \dfrac{\Sigma np}{\Sigma n} = \dfrac{\Sigma np}{k \times n}$, L_{CL}이 음$(-)$인 경우, 고려하지 않음		

기본문제 12

다음 데이터시트에서 np 관리도의 U_{CL}과 L_{CL}의 값은?

군번호	1	2	3	4	5	···	20	계
검사 개수	300	300	300	300	300	···	300	6,000
부적합품수	14	13	20	23	13	···	15	300

① $U_{CL} = 26.325$, $L_{CL} = 5.876$ ② $U_{CL} = 21.375$, $L_{CL} = 3.675$
③ $U_{CL} = 26.325$, $L_{CL} = 3.675$ ④ $U_{CL} = 21.375$, $L_{CL} = 5.876$

+풀이 $n\bar{p} \pm 3\sqrt{n\bar{p}(1-\bar{p})} = 15 \pm 3\sqrt{15(1-0.05)} = 15 \pm 11.325$
$n\bar{p} = \dfrac{\sum np}{k} = 15$, $\bar{p} = \dfrac{\sum np}{\sum n} = \dfrac{\sum np}{k \times n} = \dfrac{300}{20 \times 300} = 0.05$

+정답 ③

2. p 관리도

(1) 관리대상

① 이항분포를 근거로 하여, 공정의 부적합품률을 관리하는 것으로, n이 일정하지 않은 경우 관리한계선이 계단식으로 형성된다.
② 전구의 부적합품률, 나사치수의 부적합품률 등의 관리에 이용된다.

(2) 관리한계선

통계량	중심선	U_{CL}	L_{CL}
p	$\bar{p}$	$\bar{p} + 3\sqrt{\dfrac{\bar{p}(1-\bar{p})}{n}}$	$\bar{p} - 3\sqrt{\dfrac{\bar{p}(1-\bar{p})}{n}}$
참고사항	$\bar{p} = \dfrac{\sum np}{\sum n}$, L_{CL}이 음(−)인 경우, 고려하지 않음		

기본문제 13

다음은 p 관리도 데이터시트이다. 군번호가 9번일 때 U_{CL}과 L_{CL}을 구하시오.

군번호	1	2	3	4	…	9	…	14	15	계
검사 개수	300	300	250	250	…	300	…	300	300	4,300
부적합품수	14	15	13	15	…	18	…	15	17	242

① $U_{CL}=9.62\%$, $L_{CL}=$고려하지 않는다. ② $U_{CL}=11.43\%$, $L_{CL}=$고려하지 않는다.
③ $U_{CL}=9.62\%$, $L_{CL}=1.64\%$ ④ $U_{CL}=11.43\%$, $L_{CL}=1.64\%$

풀이 $\bar{p} \pm 3\sqrt{\dfrac{\bar{p}(1-\bar{p})}{n}} = 0.0563 \pm 3\sqrt{\dfrac{0.0563(1-0.0563)}{300}}$ $\left(\bar{p} = \dfrac{\sum np}{\sum n} = \dfrac{242}{4,300} = 0.0563\right)$

정답 ③

3. c 관리도

(1) 관리대상

① 푸아송분포를 근거로 하여, 공정의 일정단위 중 부적합수를 관리하는 데 사용한다.

② 흠의 수, TV 또는 라디오의 납땜 부적합수 등을 관리하는 데 사용한다.

(2) 관리한계선

통계량	중심선	U_{CL}	L_{CL}
c	$\bar{c}$	$\bar{c}+3\sqrt{c}$	$\bar{c}-3\sqrt{c}$
참고사항	L_{CL}이 음($-$)인 경우, 고려하지 않음		

기본문제 14

c 관리도에서 평균 부적합수 $\bar{c}=9$일 때, 3σ관리한계 L_{CL} 및 U_{CL}은 각각 얼마인가?

① $U_{CL}=18$, $L_{CL}=0$ ② $U_{CL}=15$, $L_{CL}=3$
③ $U_{CL}=12$, $L_{CL}=6$ ④ $U_{CL}=21$, $L_{CL}=$고려하지 않음

풀이 $\begin{pmatrix} U_{CL} \\ L_{CL} \end{pmatrix} = \bar{c} \pm 3\sqrt{c} = 9 \pm 3 \times \sqrt{9} = \begin{pmatrix} 18 \\ 0 \end{pmatrix}$

정답 ①

4. u 관리도

(1) 관리대상

① **푸아송분포를** 근거로 하여, 공정에서 n이 일정하지 않은 경우 부적합수를 관리하는 데 사용하므로, 관리한계선이 계단식으로 나타난다.

② 단위당 직물의 얼룩, 에나멜동선의 핀홀 등과 같은 부적합수 등을 관리하는 데 사용한다.

(2) 관리한계선

통계량	중심선	U_{CL}	L_{CL}
u	$\bar{u}$	$\bar{u}+3\sqrt{\dfrac{\bar{u}}{n}}$	$\bar{u}-3\sqrt{\dfrac{\bar{u}}{n}}$
참고사항	$\bar{u}=\dfrac{\sum c}{\sum n}$, L_{CL}이 음($-$)인 경우, 고려하지 않음		

기본문제 15

다음은 u 관리도의 데이터시트이다. 이 데이터시트를 보고 8번 군의 U_{CL}과 L_{CL}을 구하시오.

군번호	1	2	3	⋯	8	⋯	14	15	계
시료 중 단위수	16	15	14	⋯	13	⋯	15	16	225
시료 중 부적합	31	29	20	⋯	25	⋯	32	31	451

① $U_{CL}=4.325$, $L_{CL}=0.826$ ② $U_{CL}=3.182$, $L_{CL}=1.243$

③ $U_{CL}=4.325$, $L_{CL}=1.243$ ④ $U_{CL}=3.182$, $L_{CL}=0.826$

풀이 $\bar{u} \pm 3\sqrt{\dfrac{\bar{u}}{n}} = 2.004 \pm 3\sqrt{\dfrac{2.004}{13}} = 2.004 \pm 1.178$ $\left(\bar{u} = \dfrac{\sum c}{\sum n} = \dfrac{451}{225} = 2.004 \right)$

정답 ④

SECTION 04 관리도의 판정 및 공정해석

1. 관리도의 상태판정

(1) 관리도의 습관성

① 연(Run) : 중심선 한쪽에서 점이 연속되어 나타나는 현상을 말하며, 길이 9 이상이 나타나면 비관리 상태로 판정한다.

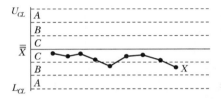

② 경향(Trend) : 점이 연속적으로 상승 또는 하강을 하는 경우를 말하며, 길이 6 이상이 나타나면 비관리 상태로 판정한다.

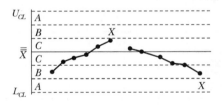

③ 주기성(Cycle) : 점이 상하로 변동하여 주기적인 파형이 나타나는 경우를 말하며, 연속 14점 이상이 교대로 증감한다면 비관리 상태로 판정한다.

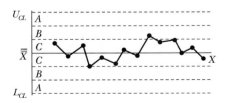

CHAPTER 05 기출문제 총정리

1. 통계적 방법의 기초

01 품질특성을 나타내는 데이터 중 계수치데이터에 속하는 것은? [08, 15 기능장]

① 무게 ② 길이
③ 인장강도 ④ 부적합품의 수

풀이 • 계량값 : 연속량으로서 측정되는 품질특성치(무게, 길이, 인장강도)
• 계수값 : 이산형으로서 셀 수 있는 품질특성치(부적합품의 수)

02 다음 중 통계량의 기호에 속하지 않는 것은? [10 기능장]

① σ ② R
③ s ④ $\overline{x}$

풀이 • 모수 : 모평균(μ), 모분산(σ^2), 모표준편차(σ)
• 통계량 : 시료의 평균($\overline{x}$), 시료의 분산(s^2), 시료의 표준편차(s), 범위(R)

03 다음 중 모집단의 중심적 경향을 나타내는 측도에 해당하는 것은? [12 기능장]

① 범위(Range) ② 최빈값(Mode)
③ 분산(Variance) ④ 변동계수(Coefficient of Variation)

풀이 • 중심적 경향 : 최빈값(Mode)
• 산포(흩어짐) : 범위(Range), 분산(Variance), 변동계수(Coefficient of Variation)

정답 01 ④ 02 ① 03 ②

04 다음 [데이터]를 활용하여 미드레인지(Mid – Range)를 구하면 얼마가 되는가?

[12 기능장]

	3.8	5.6	4.8	4.3	6.2	6.6	5.7

① 2.8 ② 4.3
③ 5.2 ③ 5.6

풀이 범위중앙값(Mid – Range) $M = \dfrac{x_{min} + x_{max}}{2} = \dfrac{3.8 + 6.6}{2} = 5.2$

05 다음의 [데이터]를 보고 (편차)제곱합(S)을 구하면?(단, 소수점 3자리까지 구하시오.)

[03, 18 기능장]

18.8	19.1	18.8	18.2	18.4	18.3	19.0	18.6	19.2

① 0.338 ② 1.029
③ 0.114 ④ 1.014

풀이 방법 1. $S = \sum (x_i - \overline{x})^2 = (18.8 - 18.7111)^2 + \cdots + (19.2 - 18.7111)^2 = 1.029$
방법 2. $S = \boxed{\sum x^2} - \boxed{(\sum x)^2}/n = 1.029$
방법 3. $S = (n-1) \times \boxed{(s_x)^2} = 8 \times \boxed{(s_x)^2} = 1.029$ 또는
$S = (n-1) \times \boxed{(_x\sigma_{n-1})^2} = 8 \times \boxed{(_x\sigma_{n-1})^2} = 1.029$

※ $[\boxed{\sum x^2}, \boxed{(\sum x)^2}, \boxed{(s_x)^2}, \boxed{(_x\sigma_{n-1})^2}]$의 의미는 공학용 계산기에서 단축키를 두드려서 쉽게 계산하는 방법이며, 계산기 기종에 따라 표준편차(s)를 s_x 또는 $_x\sigma_{n-1}$로 다르게 표시한다.

06 다음 [데이터]로부터 통계량을 계산한 것 중 틀린 것은?

[05, 17 기능장]

	21.5	23.7	24.3	27.2	29.1

① 범위(R) = 7.6 ② 제곱합(S) = 7.59
③ 중앙값(Me) = 24.3 ④ 시료분산(s^2) = 8.988

풀이 ① 범위 $R = x_{max} - x_{min} = 29.1 - 21.5 = 7.6$
② 제곱합 $S = \boxed{\sum x^2} - \boxed{(\sum x)^2}/n = 35.952$ 또는
$S = (n-1) \times \boxed{(s_x)^2} = 4 \times \boxed{(s_x)^2}$, $S = (n-1) \times \boxed{(_x\sigma_{n-1})^2} = 4 \times \boxed{(_x\sigma_{n-1})^2} = 35.952$

정답 04 ③ 05 ② 06 ②

③ 데이터를 크기 순으로 정리하면 21.5 23.7 24.3 27.2 29.1이 되며, 이때 중앙값은 $\tilde{x} = Me = x_3 = 24.3$이 된다.

④ 시료분산 $s^2 = \dfrac{S}{n-1} = \dfrac{35.952}{4} = 8.988$ 또는 $\boxed{(s_x)^2} = \boxed{(_x\sigma_{n-1})^2} = 8.988$

2. 확률분포

07 이항분포(Binomial Distribution)에서 매회 A가 일어나는 확률이 일정한 값 P일 때, n회의 독립시행 중 사상 A가 x회 일어날 확률 $P(x)$를 구하는 식은?(단, N은 로트의 크기, n은 시료의 크기, P는 로트의 모부적합품률이다.) [16 기능장]

① $P(x) = \dfrac{n!}{x!(n-x)!}$

② $P(x) = e^{-x} \times \dfrac{(nP)^x}{x!}$

③ $P(x) = \dfrac{\binom{NP}{x}\binom{N-NP}{n-x}}{\binom{N}{n}}$

④ $P(x) = \binom{n}{x} P^x (1-P)^{n-x}$

풀이 이산확률분포(계수치 분포)

- 초기하분포 : $P(x) = \dfrac{\binom{NP}{x}\binom{N-NP}{n-x}}{\binom{N}{n}}$

- 이항분포 : $P(x) = \binom{n}{x} P^x(1-P)^{n-x} = {}_nC_x P^x(1-P)^{n-x}$

- 푸아송분포 : $P_r(x) = \dfrac{e^{-m} \times m^x}{x!}$

08 로트 크기 1000, 부적합품률이 15%인 로트에서 5개의 랜덤 시료 중에서 발견된 부적합품수가 1개일 확률을 이항분포로 계산하면 약 얼마인가? [11 기능장]

① 0.1648
② 0.3915
③ 0.6085
④ 0.8352

풀이 이항분포($P = 0.15$, $n = 5$, $x = 1$)
$P_r(x) = \binom{n}{x} P^x(1-P)^{n-x} = {}_nC_x P^x(1-P)^{n-x} = \binom{5}{1} \times 0.15^1 \times (1-0.15)^{5-1} = 0.3915$

09 부적합품률이 1%인 모집단에서 5개의 시료를 랜덤하게 샘플링할 때, 부적합품수가 1개일 확률은 약 얼마인가?(단, 이항분포를 이용하여 계산한다.) [09 기능장]

① 0.048
② 0.058
③ 0.48
④ 0.58

풀이 이항분포($P = 0.01$, $n = 5$, $x = 1$)
$$P_r(x) = \binom{n}{x} P^x(1-P)^{n-x} = {}_nC_x P^x(1-P)^{n-x} = \binom{5}{1} \times 0.01^1 \times (1-0.01)^{5-1} = 0.048$$

10 부적합품률이 20%인 공정에서 생산되는 제품을 매시간 10개씩 샘플링검사하여 공정을 관리하려고 한다. 이때 측정되는 시료의 부적합품수에 대한 기댓값과 분산은 약 얼마인가? [17 기능장]

① 기댓값 : 1.6, 분산 : 1.3
② 기댓값 : 1.6, 분산 : 1.6
③ 기댓값 : 2.0, 분산 : 1.3
④ 기댓값 : 2.0, 분산 : 1.6

풀이 이항분포($P = 0.2$, $n = 10$)
• 기댓값 $E(x) = nP = 10 \times 0.2 = 2.0$
• 분산 $V(x) = nP(1-P) = 10 \times 0.2 \times 0.8 = 1.6$

11 이항분포(Binomial Distribution)의 특징에 대한 설명으로 옳은 것은? [07, 13 기능장]

① $P = 0.01$일 때는 평균치에 대하여 좌우 대칭이다.
② $P \leq 0.1$이고, $nP = 0.1 \sim 10$일 때는 푸아송분포에 근사한다.
③ 부적합품의 출현 개수에 대한 표준편차는 $D(x) = nP$이다.
④ $P \leq 0.5$이고, $nP \leq 5$일 때는 정규분포에 근사한다.

풀이 이항분포의 특징
① $P = 0.5$일 때는 평균치에 대하여 좌우 대칭이다.
② $P \leq 0.1$이고, $nP = 0.1 \sim 10$일 때는 푸아송분포에 근사한다.
③ 부적합품의 출현 개수에 대한 표준편차는 $D(x) = \sqrt{nP(1-P)}$이다.
④ $P \leq 0.5$이고, $nP \geq 5$, $n(1-P) \geq 5$일 때는 정규분포에 근사한다.

정답 09 ① 10 ④ 11 ②

12 로트의 크기 30, 부적합품률이 10%인 로트에서 시료의 크기를 5로 하여 랜덤샘플링할 때, 시료 중 부적합품수가 1개 이상일 확률은 약 얼마인가?(단, 초기하분포를 이용하여 계산한다.) [10 기능장]

① 0.3695　　　　　　　　② 0.4335
③ 0.5665　　　　　　　　④ 0.6305

풀이 초기하분포($N=30$, $P=0.1$, $n=5$, $x \geq 1$)

$$P_r(x \geq 1) = 1 - P_r(x=0) = 1 - \frac{\binom{NP}{x}\binom{N(1-P)}{n-x}}{\binom{N}{n}} = 1 - \frac{\binom{3}{0}\binom{27}{5}}{\binom{30}{5}} = 0.4335$$

13 정규분포에 관한 설명 중 틀린 것은? [16 기능장]

① 일반적으로 평균치가 중앙값보다 크다.
② 평균을 중심으로 좌우대칭의 분포이다.
③ 대체로 표준편차가 클수록 산포가 나쁘다고 본다.
④ 평균치가 0이고 표준편차가 1인 정규분포를 표준정규분포라 한다.

풀이 정규분포의 특징
① 평균치($\bar{x}$), 중앙치($\tilde{x}$), 최빈수(M_0) 모두가 같다.
② 평균을 중심으로 좌우대칭인 종모양이다.
③ 대체로 표준편차가 클수록 산포가 나쁘다고 본다.
④ 평균치가 0이고 표준편차가 1인 정규분포 즉, $u_i \sim N(0, 1^2)$을 표준정규분포라 한다.

3. 샘플링검사

14 검사의 종류 중 검사공정에 의한 분류에 해당되지 않는 것은? [09, 11, 17, 19 기능장]

① 수입검사　　　　　　　② 출하검사
③ 출장검사　　　　　　　④ 공정검사

풀이 • 검사가 행해지는 장소에 의한 분류 : ③
• 검사가 행해지는 공정에 의한 분류 : ①, ②, ④

정답 12 ② 13 ① 14 ③

15 검사의 분류방법 중 검사가 행해지는 공정에 의한 분류에 속하는 것은? [13, 19 기능장]

① 관리 샘플링검사　　　　　　② 로트별 샘플링검사
③ 전수검사　　　　　　　　　　④ 출하검사

풀이 • 검사가 행해지는 공정에 의한 분류 : ④
　　 • 검사가 행해지는 방법에 의한 분류 : ①, ②, ③

16 다음 중 검사의 분류방법 중 판정의 대상에 의한 분류가 아닌 것은? [05, 07 기능장]

① 관리 샘플링검사　　　　　　② 로트별 샘플링검사
③ 전수검사　　　　　　　　　　④ 출하검사

풀이 • 검사가 행해지는 공정에 의한 분류 : ④
　　 • 검사가 행해지는 판정대상에 의한 분류 : ①, ②, ③

17 다음 중 검사항목에 의한 분류가 아닌 것은? [04 기능장]

① 자주검사　　　　　　　　　　② 수량검사
③ 중량검사　　　　　　　　　　④ 성능검사

풀이 • 검사항목에 의한 분류 : ②, ③, ④
　　 • 검사가 행해지는 판정대상에 의한 분류 : ①

18 로트에서 랜덤하게 시료를 추출하여 검사한 후 그 결과에 따라 로트의 합격, 불합격을 판정하는 검사방법을 무엇이라 하는가? [08, 12, 15, 19 기능장]

① 자주검사　　　　　　　　　　② 간접검사
③ 전수검사　　　　　　　　　　④ 샘플링검사

풀이 샘플링검사란, 로트로부터 시료를 뽑아 그 결과를 판정기준과 비교하여, 그 로트의 합격 · 불합격을 판정하는 검사이다.

19 샘플링검사의 목적으로서 틀린 것은? [04 기능장]

① 검사비용 절감　　　　　　　② 생산공정상의 문제점 해결
③ 품질향상의 자극　　　　　　④ 나쁜 품질인 로트의 불합격

풀이 ②는 샘플링검사보다 전수검사를 시행하는 것이 더 효과적이므로, 전수검사의 목적이라 할 수 있다.

정답 15 ④　16 ④　17 ①　18 ④　19 ②

20 전수검사와 샘플링검사에 관한 설명으로 맞는 것은? [14, 18 기능장]

① 파괴검사의 경우에는 전수검사를 적용한다.
② 검사항목이 많을 경우 전수검사보다 샘플링검사가 유리하다.
③ 샘플링검사는 부적합품이 섞여 들어가서는 안 되는 경우에 적용한다.
④ 생산자에게 품질향상의 자극을 주고 싶을 경우 전수검사가 샘플링검사보다 더 효과적이다.

풀이 ① 파괴검사의 경우에는 샘플링검사를 적용한다.
③ 샘플링검사는 부적합품이 섞여 들어가는 것을 허용하는 경우에 적용한다.
④ 생산자에게 품질향상의 자극을 주고 싶을 경우 샘플링검사가 전수검사보다 더 효과적이다.

21 다음 중 샘플링검사보다 전수검사를 실시하는 것이 유리한 경우는? [12 기능장]

① 검사항목이 많은 경우
② 파괴검사를 해야 하는 경우
③ 품질특성치가 치명적인 결점을 포함하는 경우
④ 다수, 다량의 것으로 어느 정도 부적합품이 섞여도 괜찮을 경우

풀이 • 전수검사가 유리한 경우 : ③
• 샘플링검사가 유리한 경우 : ①, ②, ④

22 모집단의 참값과 측정 데이터의 차를 무엇이라 하는가? [02 기능장]

① 오차　　　　　　　　② 신뢰성
③ 정밀도　　　　　　　④ 정확도

풀이 ① 오차 : 모집단의 참값과 측정 데이터의 차
② 신뢰성 : 데이터를 얼마나 신뢰할 수 있는가를 표현한 값
③ 정밀도 : 산포의 크기를 의미
④ 정확도 : 데이터 분포의 평균치와 모집단의 참값과의 차

23 어떤 측정법으로 동일 시료를 무한 횟수로 측정하였을 때 데이터 분포의 평균치와 참값과의 차를 무엇이라 하는가? [03, 06, 09, 11 기능장]

① 재현성　　　　　　　② 안정성
③ 반복성　　　　　　　④ 정확성

정답 20 ② 21 ③ 22 ① 23 ④

풀이 ① 재현성(Reproducibility) : 서로 다른 측정자가 동일 기계로 동일 시료를 측정하였을 때, 얻은 측정치의 변동값(평균값의 차이)으로서 측정자 간 데이터값의 차이를 의미한다.
② 안정성(Stability) : 동일한 측정시스템으로 동일한 시료를 정기적으로 측정했을 때, 얻은 측정치의 변동(평균값의 차이)을 말한다.
③ 반복성(Repeatability) : 동일한 측정자가 동일한 시료를 여러 번 측정하여 얻은 데이터의 산포 크기를 의미하며 산포의 크기가 작을수록 반복성이 좋아진다. 정밀도라고도 한다.
④ 정확성(Accuracy) : 동일 시료를 무한히 측정할 때 얻는 데이터 분포의 평균치와 모집단의 참값과의 차를 의미한다.($\bar{x} - \mu$)

24 모집단으로부터 공간적, 시간적으로 간격을 일정하게 하여 샘플링하는 방식은?
[13, 18 기능장]

① 단순랜덤샘플링(Simple Random Sampling)
② 2단계샘플링(Two − Stage Sampling)
③ 취락(집락)샘플링(Cluster Sampling)
④ 계통샘플링(Systematic Sampling)

풀이 **계통샘플링(Systematic Sampling)**
유한모집단의 데이터를 일련의 배열로 한 다음 공간적, 시간적으로 같은 간격으로 일정하게 하여 뽑는 샘플링방법이다. 이때, 뽑힌 데이터에 주기성이 들어갈 위험성이 존재한다.

25 다음 중 모집단을 몇 개의 층으로 나누고 각 층으로부터 각각 랜덤하게 시료를 뽑는 샘플링 방법은 어느 것인가?
[07 기능장]

① 층별샘플링
② 2단계샘플링
③ 계통샘플링
④ 단순샘플링

풀이 **층별샘플링(Stratified Sampling)**
모집단을 몇 개의 층($M = m$)으로 나누어서 각 층으로부터 각각 랜덤하게 시료(n)를 뽑는 방법이다.

26 200개들이 상자가 15개 있을 때 각 상자로부터 제품을 랜덤하게 10개씩 샘플링할 경우, 이러한 샘플링 방법을 무엇이라 하는가?
[09, 15 기능장]

① 층별샘플링
② 계통샘플링
③ 취락샘플링
④ 2단계샘플링

정답 24 ④ 25 ① 26 ①

풀이 층별샘플링(Stratified Sampling)
200개(N)들이 상자가 15($M = m$)개 있을 때 각 상자로부터 제품을 랜덤하게 10개(n)씩 샘플링할 경우

27 샘플링에 관한 설명으로 틀린 것은? [16 기능장]

① 집락샘플링에서는 집락 간의 차는 적게, 집락 내의 차는 크게 한다.
② 제조공정의 품질특성에 주기적인 변동이 있는 경우 계통샘플링을 적용하는 것이 좋다.
③ 시간적 또는 공간적으로 일정 간격을 두고 샘플링하는 방법을 계통샘플링이라고 한다.
④ 모집단을 몇 개의 층으로 나누고 각 층마다 랜덤하게 시료를 추출하는 것을 층별샘플링이라고 한다.

풀이 ② 제조공정의 품질특성에 주기적인 변동이 있는 경우 계통샘플링을 적용하면, 데이터에 주기성이 들어갈 위험성이 존재하므로, 지그재그샘플링을 사용하는 것이 좋다.

28 [그림]의 OC곡선을 보고 가장 올바른 내용을 나타낸 것은? [03, 14 기능장]

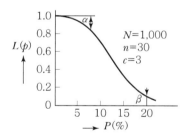

① α : 소비자 위험
② $L(P)$: 로트가 합격할 확률
③ β : 생산자 위험
④ 부적합품률 : 0.03

풀이 • α : 생산자 위험
  • β : 소비자 위험
  • 부적합품률 : P

29 계수규준형 샘플링검사의 OC곡선에서 좋은 로트를 합격시키는 확률을 뜻하는 것은?
(단, α는 제1종과오, β는 제2종과오이다.) [10, 16, 19 기능장]

① α
② β
③ $1-\alpha$
④ $1-\beta$

풀이 • α : 좋은 로트가 불합격할 확률
• β : 나쁜 로트가 합격할 확률
• $1-\alpha$: 좋은 로트가 합격할 확률(신뢰도)
• $1-\beta$: 나쁜 로트가 불합격할 확률(검출력)

30 로트의 크기가 시료의 크기에 비해 10배 이상 클 때, 시료의 크기와 합격판정개수를
일정하게 하고 로트의 크기를 증가시킬 경우 검사특성곡선의 모양 변화에 대한 설명
으로 가장 적절한 것은? [10, 12 기능장]

① 무한대로 커진다.
② 별로 영향을 미치지 않는다.
③ 샘플링 검사의 판별능력이 매우 좋아진다.
④ 검사특성곡선의 기울기 경사가 급해진다.

풀이 N이 변하는 경우(c, n 일정)
• OC곡선에 큰 영향을 미치지 않는다.
• N이 클 때는 N의 크기가 작을 때보다 다소 시료의 크기를 크게 해서 좋은 로트가 불합격되는
위험을 적게 하는 편이 경제적인 경우가 많다.

31 검사특성곡선(OC Curve)에 관한 설명으로 틀린 것은?(단, N : 로트의 크기, n : 시
료의 크기, c : 합격판정개수이다.) [17 기능장]

① N, n이 일정할 때 c가 커지면 나쁜 로트의 합격률은 높아진다.
② N, c가 일정할 때 n이 커지면 좋은 로트의 합격률은 낮아진다.
③ $N/n/c$의 비율이 일정하게 증가하거나 감소하는 퍼센트샘플링검사 시 좋은 로
트의 합격률은 영향이 없다.
④ 일반적으로 로트의 크기 N이 시료 n에 비해 10배 이상 크다면, 로트의 크기를
증가시켜도 나쁜 로트의 합격률은 크게 변화하지 않는다.

풀이 % 샘플링검사$\left(\dfrac{c/n}{N} = 일정\right)$
• 부적절한 샘플링검사방법이다.

정답 29 ③ 30 ② 31 ③

- 좋은 로트 또는 나쁜 로트의 합격률에 영향을 많이 준다.
- 품질보증의 정도가 달라지므로 일정한 품질을 보증하기가 곤란하다.

32 공급자에 대한 보호와 구입자에 대한 보증의 정도를 규정해 두고 공급자의 요구와 구입자의 요구 양쪽을 만족하도록 하는 샘플링검사 방식은? [02 기능장]

① 규준형 샘플링검사
② 조정형 샘플링검사
③ 선별형 샘플링검사
④ 연속생산형 샘플링검사

풀이 계수 · 계량 규준형 샘플링검사(KS Q 0001)
원칙적으로 목전의 로트 그 자체의 합격 · 불합격을 결정하는 것으로, 파는 쪽에 대한 보호와 사는 쪽에 대한 보호의 두 가지를 규정해서, 파는 쪽의 요구와 사는 쪽의 요구를 모두 만족하도록 짜여 있다.

33 계수값규준형 1회 샘플링검사에 대한 설명 중 가장 거리가 먼 내용은? [06, 08 기능장]

① 검사에 제출된 로트에 관한 사전정보는 샘플링검사를 적용하는 데 직접적으로 필요하지는 않다.
② 생산자측과 구매자측이 요구하는 품질보호를 동시에 만족시키도록 샘플링검사 방식을 선정한다.
③ 파괴검사의 경우와 같이 전수검사가 불가능한 때에는 사용할 수 없다.
④ 1회만의 거래 시에도 사용할 수 있다.

풀이 계수값규준형 샘플링검사의 특징
- 1회만의 거래 시에 좋다.
- 로트에 관한 사전정보를 필요로 하지 않는다.
- 생산자와 구매자 양쪽이 만족하도록 설계되어 있다.
- 파괴검사와 같은 전수검사가 불가능할 때 사용한다.

34 다음 중 로트별 검사에 대한 AQL지표형 샘플링검사 방식은 어느 것인가? [05 기능장]

① KS Q ISO 2859 - 0
② KS Q ISO 2859 - 1
③ KS Q ISO 2859 - 2
④ KS Q ISO 2859 - 3

풀이 AQL지표형 샘플링검사(KS Q ISO 2859 - 1)
공급자가 제출하는 로트 자체의 품질보다 프로세스 품질에 관심이 있는 경우에 적용하는 샘플링검사 방식으로, 제출되는 로트가 연속로트인 경우 구입자 측에서 합격으로 할 최소한 로트의 품질(AQL)을 정하고, 이 수준보다 좋은 품질의 로트를 제출하는 한 거의 다 합격($1 - \alpha$)시킬 것을 공급하는 쪽에 보증한다.

정답 32 ① 33 ③ 34 ②

4. 관리도

35 공정에서 만성적으로 존재하는 것은 아니고 산발적으로 발생하며, 품질의 변동에 크게
영향을 끼치는 요주의 원인으로 우발적 원인인 것을 무엇이라 하는가? [08 기능장]

① 우연원인　　　　　　　　　② 이상원인
③ 불가피원인　　　　　　　　④ 억제할 수 없는 원인

풀이 본 문제는 이상원인에 대한 내용이고, ①, ③, ④는 모두 우연원인에 대한 것을 의미하고 있다.

36 3σ법의 $\overline{X}$ 관리도에서 공정이 관리상태에 있는데도 불구하고 관리상태가 아니라고
판정하는 제1종 과오는 약 몇 %인가? [17 기능장]

① 0.27　　　　　　　　　　② 0.54
③ 1.0　　　　　　　　　　　④ 1.2

풀이 관리도의 3σ법에서는 제1종 과오(α)는 0.27%이며, 제2종 과오(β)는 상대적으로 크다[검출력
$(1-\beta)$이 작다.]는 특징이 있다.

37 다음은 관리도의 작성순서를 나타낸 것이다. 관리도의 작성순서를 순서대로 나열한
것은 어느 것인가? [16 기능장]

> ㉠ 관리하여야 할 항목의 선정
> ㉡ 관리도의 선정
> ㉢ 관리하려는 제품이나 종류 선정
> ㉣ 시료를 채취하고 측정하여 관리도를 작성

① ㉠ → ㉡ → ㉢ → ㉣　　　　② ㉠ → ㉢ → ㉣ → ㉡
③ ㉢ → ㉠ → ㉡ → ㉣　　　　④ ㉢ → ㉣ → ㉠ → ㉡

풀이 관리도의 작성순서
관리하고자 하는 제품이나 종류 선정 → 관리할 항목 선정 → 관리도 선정 → 관리도 작성

38 다음 중 계량값관리도만으로 짝지어진 것은? [12 기능장]

① c 관리도, u 관리도

② $x - R_m$ 관리도, p 관리도

③ $\bar{x} - R$ 관리도, np 관리도

④ $\tilde{x} - R$ 관리도, $\bar{x} - R$ 관리도

(풀이) • 계량값관리도 : $\tilde{x} - R$ 관리도, $\bar{x} - R$ 관리도, $x - R_m$ 관리도
• 계수값관리도 : np 관리도, p 관리도, c 관리도, u 관리도

39 계량값관리도에 해당되는 것은? [05, 11, 16, 18 기능장]

① c 관리도   ② u 관리도

③ R 관리도   ④ np 관리도

(풀이) • 계수값관리도 : ③
• 계량값관리도 : ①, ②, ④

40 계수값관리도는 어느 것인가? [04 기능장]

① R 관리도   ② $\bar{x}$ 관리도

③ p 관리도   ④ $\bar{x} - R$ 관리도

(풀이) • 계수값관리도 : ③
• 계량값관리도 : ①, ②, ④

41 다음 중 계수치관리도가 아닌 것은? [09 기능장]

① c 관리도   ② p 관리도

③ u 관리도   ④ x 관리도

(풀이) • 계량값관리도 : ④
• 계수값관리도 : ①, ②, ③

42 관리도에 대한 설명으로 가장 관계가 먼 것은?   [03 기능장]

① 관리도는 공정의 관리만이 아니라 공정의 해석에도 이용된다.
② 관리도는 과거의 데이터 해석에도 이용된다.
③ 관리도는 표준화가 불가능한 공정에는 사용할 수 없다.
④ 계량치인 경우에는 $\overline{x} - R$ 관리도가 일반적으로 이용된다.

풀이 ③ 관리도는 표준화가 불가능한 공정에도 사용할 수 있다.

43 축의 완성지름, 철사의 인장강도, 아스피린 순도와 같은 데이터를 관리하는 가장 대표적인 관리도는?   [06, 12 기능장]

① c 관리도   ② np 관리도
③ u 관리도   ④ $\overline{x} - R$ 관리도

풀이 $\overline{x} - R$ 관리도
공정에서의 품질특성이 길이, 무게, 시간, 강도, 성분 등과 같이 데이터가 연속적인 계량치의 경우에 사용되는 대표적인 관리도이다.

44 $\overline{x}$ 관리도에서 관리상한이 22.15, 관리하한이 6.85, $\overline{R} = 7.5$일 때 시료군의 크기(n)는 얼마인가?(단, $n = 2$일 때 $A_2 = 1.88$, $n = 3$일 때 $A_2 = 1.02$, $n = 4$일 때 $A_2 = 0.73$, $n = 5$일 때 $A_2 = 0.58$이다.)   [09 기능장]

① 2   ② 3
③ 4   ④ 5

풀이

$$
\begin{aligned}
U_{C\!L} &= 22.15 = \overline{\overline{x}} + A_2 \times 7.5 \\
-)\ L_{C\!L} &= 6.85 = \overline{\overline{x}} - A_2 \times 7.5 \\
\hline
15.3 &= 2 \times 7.5 A_2 \\
\therefore\ A_2 &= 1.02 \Rightarrow n = 3
\end{aligned}
$$

45 품질특성에서 x 관리도로 관리하기에 가장 거리가 먼 것은? [17 기능장]

① 볼펜의 길이   ② 알코올 농도
③ 1일 전력소비량   ④ 나사 길이의 부적합품수

풀이 ① x 또는 $\bar{x}$ 관리도
② x 관리도
③ x 관리도
④ np 또는 p 관리도

46 관리한계선을 구하는 데 이항분포를 근거로 하여 관리선을 구하는 관리도는?

[03 기능장]

① np 관리도   ② u 관리도
③ $\bar{x}-R$ 관리도   ④ x 관리도

풀이 ① 이항분포
② 푸아송분포
③, ④ 정규분포

47 np관리도에서 시료군마다 시료수(n)는 100이고, 시료군의 수(k)는 20, $\sum np=77$ 이다. 이때 np관리도의 관리상한선(U_{CL})을 구하면 약 얼마인가? [05, 14, 18 기능장]

① 8.94   ② 3.85
③ 5.77   ④ 9.62

풀이 • $\begin{pmatrix} U_{CL} \\ L_{CL} \end{pmatrix} = n\bar{p} \pm 3\sqrt{n\bar{p}(1-\bar{p})} = 3.85 \pm 3 \times \sqrt{3.85 \times (1-0.0385)} = \begin{pmatrix} 9.622 \\ - \end{pmatrix}$

• $n\bar{p} = \dfrac{\sum np}{k} = \dfrac{77}{20} = 3.85$, $\bar{p} = \dfrac{\sum np}{\sum n} = \dfrac{\sum np}{k \times n} = \dfrac{77}{20 \times 100} = 0.0385$

48 직물, 금속, 유리 등의 일정단위 중 나타나는 흠의 수, 핀홀수 등 부적합수에 관한 관리도를 작성하려면 가장 적합한 관리도는? [18(중복) 기능장]

① c 관리도   ② np 관리도
③ p 관리도   ④ $\bar{x}-R$ 관리도

정답 45 ④   46 ①   47 ④   48 ①

풀이 (단위당) 부적합수 관리도
- 푸아송분포를 근거로 하여, 공정의 일정단위(또는 단위당)중 부적합수를 관리하는 데 사용한다.
- 직물의 얼룩, 핀홀수, 흠의 수, LCD TV 또는 라디오의 납땜 부적합수 등을 관리하는 데 사용한다.
- n이 일정한 경우(c 관리도), n이 일정하지 않은 경우(u 관리도)에 사용한다.

49 다음 중 미리 정해진 일정단위 중에 포함된 부적합수에 의거하여 공정을 관리할 때 사용되는 관리도는? [04, 15 기능장]

① c 관리도   ② p 관리도
③ x 관리도   ④ np 관리도

풀이 48번 풀이 참조

50 M 타입의 자동차 또는 LCD TV를 조립, 완성한 후 부적합수(결점수)를 점검한 데이터에는 어떤 관리도를 사용하는가? [07 기능장]

① p 관리도   ② np 관리도
③ c 관리도   ④ $\bar{x}-R$ 관리도

풀이 48번 풀이 참조

51 다음 중 두 관리도가 모두 푸아송분포를 따르는 것은? [14 기능장]

① $\bar{x}$ 관리도, R 관리도
② c 관리도, u 관리도
③ np 관리도, p 관리도
④ c 관리도, p 관리도

풀이
- 정규분포 : $\bar{x}-R$ 관리도, x 관리도
- 이항분포 : np 관리도, p 관리도
- 푸아송분포 : c 관리도, u 관리도

52 c 관리도에서 $k=20$인 군의 총 부적합수 합계는 58이었다. 이 관리도의 U_{CL}, L_{CL}을 계산하면 약 얼마인가? [08, 13, 19 기능장]

① $U_{CL}=2.90$, $L_{CL}=0$
② $U_{CL}=5.90$, $L_{CL}=$고려하지 않음
③ $U_{CL}=6.92$, $L_{CL}=$고려하지 않음
④ $U_{CL}=8.01$, $L_{CL}=$고려하지 않음

풀이 $\bar{c}=\dfrac{\Sigma c}{k}=\dfrac{58}{20}=2.9$, $\begin{pmatrix}U_{CL}\\L_{CL}\end{pmatrix}=\bar{c}\pm3\sqrt{\bar{c}}=2.9\pm3\sqrt{2.9}=\begin{pmatrix}8.009\\-\end{pmatrix}$

53 u 관리도의 관리한계선을 구하는 식으로 옳은 것은? [02, 07, 10 기능장]

① $\bar{u}\pm\sqrt{\bar{u}}$
② $\bar{u}\pm3\sqrt{\bar{u}}$
③ $\bar{u}\pm3\sqrt{n\bar{u}}$
④ $\bar{u}\pm3\sqrt{\dfrac{\bar{u}}{n}}$

풀이

통계량	중심선	U_{CL}	L_{CL}
u	$\bar{u}$	$\bar{u}+3\sqrt{\dfrac{\bar{u}}{n}}=\bar{u}+A\sqrt{\bar{u}}$	$\bar{u}-3\sqrt{\dfrac{\bar{u}}{n}}=\bar{u}-A\sqrt{\bar{u}}$

54 부적합수 관리도를 작성하기 위해 $\Sigma c=559$, $\Sigma n=222$를 구하였다. 시료의 크기가 부분군마다 일정하지 않기 때문에 u 관리도를 사용하기로 하였다. 다음 중 $n=10$일 경우 u 관리도의 U_{CL} 값은 약 얼마인가? [13 기능장]

① 4.023
② 2.518
③ 0.502
④ 0.252

풀이 $\bar{u}=\dfrac{\Sigma c}{\Sigma n}=\dfrac{559}{222}=2.518$, $n=10$

$U_{CL}=\bar{u}+3\sqrt{\dfrac{\bar{u}}{n}}=2.518+3\times\sqrt{\dfrac{2.518}{10}}=4.0234$

55 관리도에서 점이 관리한계 내에 있으나 중심선 한쪽에 연속해서 나타나는 점의 배열 현상을 무엇이라 하는가?   [02, 10 기능장]

① 연(Run)   ② 경향(Trend)
③ 산포(Dispersion)   ④ 주기(Cycle)

풀이 관리도에서의 습관성
- 연(Run) : 중심선 한쪽에서 점이 연속되어 나타나는 현상을 말하며, 길이 9 이상이 나타나면 비관리 상태로 판정한다.
- 경향(Trend) : 점이 연속적으로 상승 또는 하강하는 경우를 말하며, 길이 6 이상이 나타나면 비관리 상태로 판정한다.
- 주기성(Cycle) : 점이 상하로 변동하여 주기적인 파형이 나타나는 경우를 말하며, 이는 상황에 따라 비관리 상태로 판정한다.

56 관리도에서 측정한 값을 차례로 타점했을 때 점이 순차적으로 상승하거나 하강하는 것을 무엇이라 하는가?   [11, 15 기능장]

① 연(Run)   ② 주기(Cycle)
③ 경향(Trend)   ④ 산포(Dispersion)

풀이 55번 풀이 참조

PART 02

INDUSTRIAL MANAGEMENT

생산관리

CHAPTER 01 생산관리의 유형

SECTION 01 생산관리

생산목표를 달성할 수 있도록 생산의 활동이나 생산의 과정을 관리하는 것으로 적정의 제품 및 서비스를 적기에 적가로 생산 및 공급할 수 있도록 이에 관련되는 생산과정이나 생산활동 전체를 가장 경제적으로 조정하는 일련의 활동이다.

1. 생산관리의 목표

흔히 생산목표를 Q(Quality, 품질), C(Cost, 원가), D(Delivery, 납기)로 표현하는데 이 경우 D의 납기는 생산량과 시간이 포괄된 개념이다.

2. 생산관리의 일반원칙

3S	특징 및 효과
단순화 (Simplification)	• 작업방법이 단순화된다.(작업자 숙련도에 따른 품질 향상) • 재료의 종류가 감소된다.(창고 및 자재 관리가 쉽고 자재의 절약 효과)
표준화 (Standardization)	과학적 연구결과, 정당하다고 인정되는 표준을 설정하고 그것을 유지한다는 원칙으로 물적 표준화, 관리 표준화, 작업 표준화로 분류한다.
전문화 (Specialization)	• 종업원의 숙련도를 높이고 높은 기술을 기할 수 있다. • 품질향상과 생산능력이 증대된다.

SECTION 02 **생산형태의 분류**

1. 판매(시장수요)형태에 의한 분류

종류	특징
주문생산 (Production for Job Order)	• 고객의 주문에 의하여 제품을 생산한다. • 범용기계를 사용한다.
계획생산 (Production for Stock)	• 시장수요를 예측하여 생산하기 때문에 정확한 수요예측이 필요하다. • 생산설비는 전용설비이다.

2. 품종과 생산량에 의한 분류

종류	특징
소품종 대량생산	• 생산설비는 전용설비를 사용한다. • 제품단위당 생산비가 비교적 낮다.
다품종 소량생산	• 제품생산의 변동에 탄력성이 높다. • 생산설비는 범용기계를 사용한다.

3. 작업 연속성에 의한 분류

특징	단속생산	연속생산
생산시기	주문생산	예측생산
품종과 생산량	다품종 소량생산	소품종 대량생산
단위당 생산원가	높다.	낮다.
기계설비	범용설비(일반 목적용)	전용설비(특수 목적용)

4. 생산량과 기간에 의한 분류

종류	특징
프로젝트생산	• **제품의 생산량이 매우 적고 다양성이 높다.** • 단속생산의 일종이다.
개별생산	• 프로젝트 생산에 비해 생산기간이 단기적이며 소량생산이다. • 생산설비는 범용기계를 사용한다.
Lot(Batch)생산	• 개별생산과 대량생산의 중간 형태를 취한다. • 로트의 크기에 따라 설비배치도 범용설비에서 전용설비화로 되는 경향이 있다.
대량생산	• 전용설비를 이용한다. • 다양한 수요에 대한 제품생산의 유연성이 적다.

생산형태의 분류				
생산시기	생산의 반복성	품종과 생산량	생산의 흐름	생산량과 기간
주문생산	개별생산	다품종 소량생산	단속생산	프로젝트생산
	소로트생산			개별생산
예측생산	중·대로트생산	중품종 중량생산		로트(Batch)생산
	연속생산	소품종 대량생산	연속생산	대량생산

SECTION 03 생산형태와 설비배치

설비배치(Facility or Plant Layout)란 생산공정의 공간적 배열, 즉 서비스 내지 생산의 흐름에 맞춰 건물, 시설, 기계설비, 통로, 창고, 사무실 등의 위치를 공간적으로 적절히 배치하는 것을 말한다.

1. 설비배치의 목적

(1) 생산공정의 단순화
(2) **재가공품의 감소**
(3) 물자취급의 최소화

(4) 이동거리의 감소

(5) 작업공간의 효율적 사용

(6) 근로자의 편리와 만족

(7) **설비투자의 최소화**

(8) **작업자 부하 평준화**

2. 설비배치의 유형

(1) 제품(라인)별 배치(Product or Line Layout)

대량생산 내지는 연속생산형에서 흔히 볼 수 있는 배치형태이다.

(2) 공정(기능)별 배치(Process or Functional Layout)

다품종 소량생산시스템에 알맞도록 범용설비를 기능별로 배치하는 형태이다.

(3) 위치고정형(프로젝트) 배치(Fixed - Position or Project Layout)

제품이 매우 크고 구조 또한 복잡한 경우, 제품을 움직이는 대신 제품생산에 필요한 원자재, 기계, 설비, 작업자 등이 제품의 생산장소에 접근하는 배치형태이다.

(4) 혼합형 배치

혼합형 배치는 공정별, 제품별, 위치고정형 배치를 혼합하여 배치하는 형태이다.

3. 배치유형의 비교와 적용

특성	제품별 배치	공정별 배치	고정형 배치
생산제품	소품종 대량의 표준품	다품종 소량생산	극소수의 특정품(프로젝트)
설비투자	고가의 전용설비	저렴한 범용설비	이동 가능한 범용설비
생산비	고정비 높고 변동비 낮음	변동비 높고 고정비 낮음	고정비 낮으나 변동비는 고정별 배치보다 높음

CHAPTER
02 수요예측과 제품조합

SECTION 01 수요예측(Demand Forecasting)

기업의 산출물인 재화나 서비스에 대한 미래의 시장수요(수량, 시기, 품질, 장소 등)를 추정하는 과정으로서, 수요예측을 통한 판매예측은 모든 경영활동의 근본이 된다.

1. 수요예측 방법

정성적(주관적) 예측법 (Qualitative Method)	장래의 기술예측이나 신규로 개발된 신제품 시장 및 수요 등의 예측은 자료가 빈약하기 때문에 전문가의 주관적 의견이나 추정을 토대로 한다.	
	Delphi법, **판매원의견 종합법**, 경영자 판단, **소비자(시장)조사법** 등	
	장점	• 예측이 간단하다. • 고도의 기술을 요하지 않는다.
	단점	• 전문가나 구성원의 능력, 경험에 따른 예측결과의 차이가 크다. • 예측의 정확도가 낮다.
정량적(객관적) 예측법	시계열 분석	**월·주·일 등의 시간간격에 따라 제시한 과거자료로부터 그 추세나 경향을 알아서 장래의 수요를 예측하는 것으로 시계열 자료의 주요 구성요소에는 추세변동(T), 순환변동(C), 계절변동(S), 불규칙 변동(I)이 있다.**
	인과형 예측법	수요변화에 영향을 주는 기업 내부 및 환경요인 등을 수요와 관련시켜 인과적 예측모델을 만들어 수요예측하는 것이다.

2. 시계열분석에 의한 수요예측

(1) 이동평균법(Moving Average Method)

전기수요법을 좀 더 발전시킨 것으로 과거, 일정 기간의 실적을 평균해서 예측하는 방법이다.

$$\text{예측치 } F_t = \frac{\text{기간의 실적치}}{\text{기간의 수}}$$

기본문제 01

M 제조회사에서 6월까지의 월별 실제판매량이 표와 같을 때 7월의 판매예측량을 6개월 이동평균법으로 구하면?(단, 단위는 10,000이다.)

(단위 : 만 개)

월	1	2	3	4	5	6	7
개수	35	38	40	40	46	50	?

① 41.5   ② 49.5
③ 39.5   ④ 53.5

풀이 $M_{t=7} = \dfrac{35+38+40+40+46+50}{6} = 41.5$

정답 ①

(2) 단순지수평활법

현시점에 가까운 실측치에 큰 비중을 주면서 과거로 거슬러 올라갈수록 그 비중을 지수적으로 적게 주는 지수가중이동평균법으로서 장점으로는 이동평균법에는 장기간의 과거실적을 필요로 하지만, 지수평활법은 최근의 데이터만으로 예측이 가능하다.

- **금월예측치 = 전월예측치 + α(전월실적치 − 전월예측치)**
- $F_t = F_{t-1} + \alpha(A_{t-1} - F_{t-1}) = \alpha A_{t-1} + (1-\alpha)F_{t-1}$
  단, α : 지수평활계수($0 < \alpha < 1$)

기본문제 02

철근을 생산, 판매하고 있는 K철강의 2020년 10월 판매예측치는 150,000톤이고, 실적치는 135,000톤이었다. 지수평활법에 의하여 11월의 판매예측치를 구하면?(단, $\alpha = 0.5$이다.)

① 82,500톤
② 142,500톤
③ 218,250톤
④ 225,000톤

+풀이 $F_t = \alpha A_{t-1} + (1-\alpha)F_{t-1} = 0.5 \times 135,000 + (1-0.5) \times 150,000 = 142,500$

 ②

SECTION 02 제품조합(Product Mix)

1. 개요

원재료의 공급능력, 가용노동력, 기계설비의 능력 등을 고려하여 이익을 최대화하기 위한 제품별 생산비율을 결정하는 것을 말한다.

2. 손익분기점(BEP ; Break Even Point) 분석

(1) 손익분기점 매출액 $BEP = \dfrac{고정비(F)}{한계이익률} = \dfrac{고정비(F)}{1 - \dfrac{변동비(V)}{매출액(S)}} = \dfrac{고정비(F)}{1 - 변동비율}$

(2) 손익분기점 판매량 $BEP = \dfrac{고정비(F)}{한계이익} = \dfrac{F}{S - V}$

기본문제 03

매출액이 10억 원, 한계이익액이 5억 원, 고정비가 3억 원일 때 손익분기점을 구하면 얼마인가?

① 4억 원
② 5억 원
③ 6억 원
④ 7억 원

+풀이 손익분기점 매출액 $BEP = \dfrac{고정비}{한계이익률} \times 100 = \dfrac{3억}{0.5} = 6.0(억 원)$

 ③

CHAPTER
03 재고관리

SECTION 01 재고관리의 개요

재고란 "물품(재고자산)의 흐름이 시스템 내의 어떤 지점에 정체되어 있는 상태를 시간적 관점에서 파악한 관리개념"으로서, 재고를 보유하는 목적에서 볼 때 재고의 유형은 다음과 같다.

- 불확실한 변화에 대처하기 위한 안전재고
- 장래에 대비한 비축재고(예상재고)
- 로트 사이즈 재고(주기재고)
- 수송기간 중 생기는 수송 중 재고
- 공정의 독립을 위한 예비일감재고

SECTION 02 경제적 발주량(EOQ ; Economic Order Quantity)

1. 경제적 발주량에 사용되는 용어

Q_o	경제적 발주량(EOQ)	D	연간 소요량
C_p	1회 발주비용	C_H	단위당 연간 재고유지비 $P_i = C_H$
P	구입단가 또는 제조단가	i	단위당 연간 재고유지비율

2. 경제적 발주량(EOQ)의 모형

$$EOQ = Q_0 = \sqrt{\frac{2DC_p}{P_i}}$$

CHAPTER 04 생산계획

SECTION 01 생산계획의 정의 및 의의

1. 절차계획(순서관리, Routing)

작업의 순서, 표준시간, 각 작업이 행해질 장소를 결정하고 할당하는 것으로 다루어지는 주요내용으로는 다음과 같은 것들이 있다.

(1) 필요한 작업의 내용 및 방법
(2) 각 작업의 실시순서, 실시장소 및 경로
(3) 필요한 자재의 종류와 수량
(4) 각 작업에 사용할 기계와 공구
(5) 각 작업의 소요시간/표준시간

2. 공수계획

생산계획량을 적기에 완성하기 위하여 부하와 능력의 조정을 도모하여 어떤 작업장에 얼마만큼의 기계 또는 작업자를 할당하는 것이 좋은가를 결정하는 계획이다.

(1) 부하

생산능력에 있어서 개별 제조공수의 합으로 정의된다.

(2) 능력

① 작업능력 = (작업자수) × (능력환산계수) × (월 실가동시간) × (가동률)
② 기계능력 = (월가동일수) × (1일 실가동시간) × (가동률) × (기계대수)

(3) 여력

$$여력 = \frac{(능력 - 부하)}{능력} \times 100(\%)$$

CHAPTER 05 생산통제

네트워크 계획기법은 프로젝트를 효과적으로 수행할 수 있도록 네트워크를 이용하여 프로젝트를 일정 · 노동 · 비용 · 자금 등에 관련시켜 합리적으로 계획하고 관리하는 기법으로서, 주로 비반복적인 대규모 프로젝트에 적용된다.

1. 네트워크의 구성요소

(1) 단계(Event or Node) ○

① 작업이나 활동의 시작 또는 완료되는 시점을 나타낸다.

② 시간이나 자원을 소비하지 않는 순간적인 시점이다.

(2) 활동(Activity or Job) →

활동은 과업수행상 시간 및 자원(인원, 물자, 설비 등)이 소요되는 작업이나 활동을 말한다. 활동의 특성은 다음과 같다.

① 전체 프로젝트를 구성하는 하나의 요소작업(개별작업)을 표시한다.

② 하나 또는 여러 활동이 한 단계에서 착수도 되고 완료도 된다.

(3) 명목상 활동(Dummy Activity) ⇢

명목상 활동은 한쪽 방향의 화살표를 점선으로 표시하여 이 활동에는 시간이나 자원의 요소를 포함하지 않으므로 가상활동이라고도 한다.

2. 작업(활동)시간의 추정

(1) 낙관시간치 : t_0 or a(Optimistic Time)

작업활동을 수행하는 데 필요한 최소시간, 즉 모든 일이 예정대로 잘 진행될 때의 소요시간

(2) 정상시간치 : t_m or m(Most Likely Time)

작업활동을 수행하는 데 정상으로 소요되는 시간, 즉 최선의 시간치

(3) 비관시간치 : t_p or b(Pessimistic Time)

작업활동을 수행하는 데 필요한 최대시간

(4) 기대시간치 : t_e(Expected Time)

① $t_e = \dfrac{a+4m+b}{6}$

② t_e의 분산 $\sigma^2 = \left(\dfrac{b-a}{6}\right)^2$

기본문제 04

일정계획에 있어서 전동차 조립에 소요되는 시간치가 다음과 같은 경우 기대시간치(t_e)와 분산(σ^2)은 약 얼마인가?

[시간] 낙관치 : 5일, 정상치 : 6일, 비관치 : 7일

풀이 $t_e = \dfrac{5+4\times 6+7}{6} = 6$, $\sigma^2 = \left(\dfrac{7-5}{6}\right)^2 = 0.11$

---

3. 일정계산

(1) 단계시간에 의한 일정 계획

① 가장 이른 예정일(TE) : 전진계산

$(TE)_j = (TE)_i + (t_e)_{ij}$

② 가장 늦은 완료일(TL) : 후진계산

$(TL)_i = (TL)_j - (t_e)_{ij}$

③ 단계여유(S)

㉠ 단계여유(S : Slack) $S = TL - TE$

㉡ 단계여유에는 정여유($TL - TE > 0$), 영여유($TL - TE = 0$), 부여유($TL - TE < 0$)가 있다.

④ 주공정의 발견(애로공정) : CP

주공정이란 여러 공정 중 시간이 가장 오래 걸리는 공정을 의미한다.

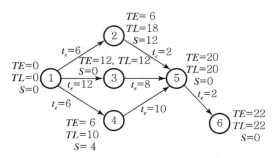

[단계시간에 의한 일정계산의 예]

SECTION 02 최소비용 계획법(MCX ; Minimum Cost Expedition)

- 이 기법은 주공정상의 요소작업 중 비용구배(Cost Slope)가 가장 낮은 요소의 작업부터 1단위 시간씩 단축해 가는 방법이다.
- 비용구배는 일정 통제를 할 때 1일당 그 작업을 단축하는 데 소요되는 비용의 증가 즉 증분비용을 의미한다.

$$\text{비용구배} = \frac{\text{특급비용} - \text{정상비용}}{\text{정상시간} - \text{특급시간}}$$

🔧 기본문제 05

작업활동의 시간과 비용이 다음과 같을 때 비용구배는 얼마인가?

구분	정상작업	특급작업
시간(일)	20일	15일
비용(원)	400만 원	1,000만 원

✚풀이 $\text{비용구배} = \dfrac{\text{특급비용} - \text{정상비용}}{\text{정상시간} - \text{특급시간}} = \dfrac{1,000 - 400}{20 - 15} = 120\,(\text{만 원})$

CHAPTER 06 기출문제 총정리

1. 생산관리의 유형

01 다음 중 단속생산시스템과 비교한 연속생산시스템의 특징으로 옳은 것은? [14 기능장]

① 단위당 생산원가가 낮다.
② 다품종 소량생산에 적합하다.
③ 생산방식은 주문생산방식이다.
④ 생산설비는 범용설비를 사용한다.

풀이 작업연속성에 의한 분류

특징	단속생산	연속생산
품종과 생산량	다품종 소량생산	소품종 대량생산
단위당 생산원가	높다.	낮다.
기계설비	범용설비(일반 목적용)	전용설비(특수 목적용)

02 프로젝트생산과 가장 관계가 깊은 것은? [19 기능장]

① 라디오
② 맥주
③ 댐
④ 의류

풀이 프로젝트생산
생산규모가 거대하지만, 생산량은 작고, 장기간에 걸쳐 이루어지는 것으로 교량, 댐과 같은 공사가 여기에 속한다.

03 설비배치 및 개선의 목적을 설명한 내용으로 가장 관계가 먼 것은? [17, 19 기능장]

① 재가공품의 증가 ② 설비투자 최소화
③ 이동거리의 감소 ④ 작업자 부하 평준화

풀이 설비배치 및 개선이 이루어지면 재가공품은 감소하게 된다.

---

2. 수요예측과 제품조합

04 다음 중 신제품에 대한 수요예측방법으로 가장 적절한 것은? [09 기능장]

① 시장조사법 ② 이동평균법
③ 지수평활법 ④ 최소자승법

풀이 정성적 예측법
장래의 기술예측이나 신규로 개발된 신제품 시장 및 수요 등의 예측은 자료가 빈약하기 때문에 전문가의 주관적 의견이나 추정을 토대로 한다. 즉, 관련된 자료가 없을 때 주로 사용하고 델파이법, 판매원의견 종합법, 경영자 판단, 소비자(시장)조사법 등이 여기에 속한다.

05 신제품에 가장 적합한 수요예측방법은? [03 기능장]

① 시계열분석 ② 의견분석
③ 최소자승법 ④ 지수평활법

풀이 04번 풀이 참조

06 과거의 자료를 수리적으로 분석하여 일정한 경향을 도출한 후 가까운 장래의 매출액, 생산량 등을 예측하는 방법을 무엇이라 하는가? [10 기능장]

① 델파이법 ② 전문가패널법
③ 시장조사법 ④ 시계열분석법

풀이 시계열분석법
정량적 예측법의 하나인 시계열분석법은 월·주·일 등의 시간간격에 따라 제시한 과거자료로부터 그 추세나 경향을 알아서 장래의 수요를 예측하는 것으로 시계열자료의 주요 구성요소에는 추세변동(T), 순환변동(C), 계절변동(S), 불규칙변동(I)이 있다.

정답 03 ① 04 ① 05 ② 06 ④

07 수요예측방법의 하나인 시계열분석에서 시계열적 변동에 해당되지 않는 것은?

[05 기능장]

① 추세변동
② 순환변동
③ 계절변동
④ 판매변동

풀이 06번 풀이 참조

08 다음 [표]는 어느 자동차 영업소의 월별 판매실적을 나타낸 것이다. 5개월 단순이동평균법으로 6월의 수요를 예측하면 몇 대인가?

[02, 09, 16, 19 기능장]

월	1월	2월	3월	4월	5월
판매량	100대	110대	120대	130대	140대

① 120대
② 130대
③ 140대
④ 150대

풀이 5개월 단순이동평균법

$$M_{t=6} = \frac{100 + 110 + 120 + 130 + 140}{5} = 120(대)$$

09 다음 [표]를 참고하여 5개월 단순이동평균법으로 7월의 수요를 예측하면 몇 개인가?

[14 기능장]

[단위 : 개]

월	1	2	3	4	5	6
판매량	48	50	53	60	64	68

① 55개
② 57개
③ 58개
④ 59개

풀이 5개월 단순이동평균법

$$M_{t=7} = \frac{50 + 53 + 60 + 64 + 68}{5} = 59(개)$$

10 다음과 같은 [데이터]에서 5개월 이동평균법에 의하여 8월의 수요를 예측한 값은 얼마인가?
[12 기능장]

월	1	2	3	4	5	6	7
판매실적	100	90	110	100	115	110	100

① 103　　　　　　　　② 105
③ 107　　　　　　　　④ 109

풀이 5개월 단순이동평균법
$$M_{t=8} = \frac{110+100+115+110+100}{5} = 107$$

11 단순지수평활법을 이용하여 금월의 수요를 예측하려고 한다면 이때 필요한 자료는 무엇인가?
[04 기능장]

① 일정기간의 평균값, 가중값, 지수평활계수
② 추세선, 최소자승법, 매개변수
③ 전월의 예측치와 실제치, 지수평활계수
④ 추세변동, 순환변동, 우연변동

풀이 단순지수평활법

• 금월예측치 = 전월예측치 + α(전월실적치 - 전월예측치)
• $F_t = F_{t-1} + \alpha(A_{t-1} - F_{t-1}) = \alpha A_{t-1} + (1-\alpha)F_{t-1}$
　단, α : 지수평활계수$(0 < \alpha < 1)$

12 어떤 회사의 매출액이 80,000원, 고정비가 15,000원, 변동비가 40,000원일 때 손익분기점 매출액은 얼마인가?
[10, 18 기능장]

① 25,000원　　　　　　② 30,000원
③ 40,000원　　　　　　④ 55,000원

풀이 손익분기점(BEP : Break Even Point) 분석
$$\text{손익분기점 매출액 } BEP = \frac{\text{고정비}(F)}{1 - \frac{\text{변동비}(V)}{\text{매출액}(S)}} = \frac{15,000}{1 - \frac{40,000}{80,000}} = 30,000(\text{원})$$

3. 재고관리

13 연간 소요량이 4,000개인 어떤 부품의 발주비용은 매회 200원이며, 부품단가는 100원, 연간 재고유지비용이 10%일 때 F.A.Harris 식에 의한 경제적 주문량은 얼마인가? [07 기능장]

① 40개/회
② 400개/회
③ 1,000개/회
④ 1,300개/회

풀이 경제적 발주량(EOQ)의 모형

$$EOQ = Q_0 = \sqrt{\frac{2 \times D \times C_p}{P_i}} = \sqrt{\frac{2 \times 4,000 \times 200}{100 \times 0.1}} = 400\,(개/회)$$

4. 생산계획

14 다음 중 절차계획에서 다루어지는 주요한 내용으로 가장 관계가 먼 것은? [07 기능장]

① 각 작업의 소요시간
② 각 작업의 실시순서
③ 각 작업에 필요한 기계와 공구
④ 각 작업의 부하와 능력의 조정

풀이 절차계획의 주요 내용
- 필요한 작업의 내용 및 방법
- 각 작업의 실시순서, 실시장소 및 경로
- 필요한 자재의 종류와 수량
- 각 작업에 사용할 기계와 공구
- 각 작업의 소요시간/표준시간
※ ④는 공수계획에서 다루는 내용이다.

15 생산계획량을 완성하는 데 필요한 인원이나 기계의 부하를 결정하여 이를 현재 인원 및 기계의 능력과 비교하여 조정하는 것은? [06 기능장]

① 일정계획
② 절차계획
③ 공수계획
④ 진도계획

정답 13 ② 14 ④ 15 ③

풀이 공수계획

생산계획량을 적기에 완성하기 위하여 부하와 능력의 조정을 도모하여 어떤 작업장에 얼마만큼의 기계 또는 작업자를 할당하는 것이 좋은가를 결정하는 계획이다.

16 다음 중 부하와 능력의 조정을 도모하는 것은?   [06 기능장]

① 진도관리   ② 절차계획
③ 공수계획   ④ 현품관리

풀이 15번 풀이 참조

17 자전거를 셀 방식으로 생산하는 공장에서, 자전거 1대당 소요공수가 14.5H이며, 1일 8H, 월 25일 작업을 한다면 작업자 1명당 월생산 가능 대수는 몇 대인가?(단, 작업자의 생산종합효율은 80%이다.)   [15 기능장]

① 10대   ② 11대
③ 13대   ④ 14대

풀이 생산능력

$$\text{생산기계대수} = \frac{\text{능력}}{\text{소요공수}} \times \text{생산종합효율} = \frac{8H/일 \times 25일}{14.5H} \times 0.8 = 11.03 \Rightarrow 11대$$

18 월 100대의 제품을 생산하는 데 셰이퍼 1대당 제품 1대의 소요공수가 14.4H라 한다. 1일 8H, 월 25일 가동한다고 할 때 이 제품 전부를 만드는 데 필요한 셰이퍼의 필요 대수를 계산하면?(단, 작업자 가동률 80%, 셰이퍼 가동률 90%이다.)   [04 기능장]

① 8대   ② 9대
③ 10대   ④ 11대

풀이 생산능력

$$\text{생산기계대수} = \frac{\text{능력}}{\text{소요공수}} \times \text{생산종합효율} = \frac{8H/일 \times 25일}{14.4H} \times 0.8 \times 0.9 = 10.0$$

∴ 월 100대의 제품을 생산하기 위해서는 셰이퍼 1대당 10대의 제품을 만들 수 있으므로, 100/10=10대의 셰이퍼가 필요하게 된다.

19 여력을 나타내는 식으로 가장 올바른 것은? [05 기능장]

① 여력＝1일실동시간×1개월실동시간×가동대수

② 여력＝(능력－부하)×$\frac{1}{100}$

③ 여력＝$\frac{(능력－부하)}{능력}$×100

④ 여력＝$\frac{(능력－부하)}{부하}$×100

풀이 여력

여력＝$\frac{(능력－부하)}{능력}$×100(%)

5. 생산통제

20 명목상 활동(Dummy Activity)에 대한 설명 중 가장 적합한 것은? [04 기능장]

① 가장 긴 작업시간이 예상되는 공정을 말한다.

② 공정의 시작에서 그 단계에 이르는 공정별 소요시간들 중 가장 큰 값이다.

③ 실제활동은 아니며, 활동의 선행조건을 네트워크에 명확히 표현하기 위한 활동
이다.

④ 각 활동별 소요시간이 베타분포를 따른다고 가정할 때의 활동이다.

풀이 명목상 활동(Dummy Activity)   --▶
* 한쪽 방향의 화살표를 점선으로 표시하고 이 활동에는 시간이나 자원의 요소를 포함하지 않으
므로 가상활동이라고도 한다.
* 실제활동은 아니며, 활동의 선행조건을 네트워크에 명확히 표현하기 위한 활동이다.

21 PERT/CPM에서 Network 작도 시 점선 화살표(--▶)는 무엇을 나타내는가?

[03 기능장]

① 단계(Event)   ② 명목상의 활동(Dummy Activity)
③ 병행활동(Paralleled Activity)   ④ 최초단계(Initial Event)

풀이 20번 풀이 참조

정답 19 ③ 20 ③ 21 ②

22 PERT에서 Network에 관한 설명 중 틀린 것은? [06 기능장]

① 가장 긴 작업시간이 예상되는 공정을 주공정이라 한다.
② 명목상의 활동(Dummy)은 점선 화살표(--▸)로 표시한다.
③ 활동(Activity)은 하나의 생산작업요소로서 원(○)으로 표시한다.
④ Network는 일반적으로 활동과 단계의 상호관계로 구성된다.

풀이 ③ 활동(Activity)은 하나의 생산작업요소로서 실선 화살표(──▸)로 표시한다.

23 어떤 작업을 수행하는 데 작업소요시간이 빠른 경우 5시간, 보통이면 8시간, 늦으면 12시간 걸린다고 예측되었다면 3점 견적법에 의한 기대 시간치와 분산을 계산하면 약 얼마인가? [16, 19 기능장]

① $t_e = 8.0$, $\sigma^2 = 1.17$
② $t_e = 8.2$, $\sigma^2 = 1.36$
③ $t_e = 8.3$, $\sigma^2 = 1.17$
④ $t_e = 8.3$, $\sigma^2 = 1.36$

풀이
• $t_e = \dfrac{a+4m+b}{6} = \dfrac{5+4\times8+12}{6} = 8.17 = 8.2$
• t_e의 분산 $\sigma^2 = \left(\dfrac{b-a}{6}\right)^2 = \left(\dfrac{12-5}{6}\right)^2 = 1.36$

24 단계여유(Slack)의 표시로 옳은 것은?(단, TE는 가장 이른 예정일, TL은 가장 늦은 예정일, TF는 총 여유시간, FF는 자유여유시간이다.) [13 기능장]

① $TE-TL$ ② $TL-TE$
③ $FF-TF$ ④ $TE-TF$

풀이 단계여유(S)
• 단계여유(S ; Slack) $S = TL - TE$
• 단계여유에는 정여유($TL-TE>0$), 영여유($TL-TE=0$), 부여유($TL-TE<0$)가 있다.

25 [그림]과 같은 계획공정도(Network)에서 주공정은?(단, 화살표 아래의 숫자는 활동시간을 나타낸 것이다.)

[07, 11, 19 기능장]

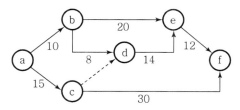

① ⓐ − ⓒ − ⓕ
② ⓐ − ⓑ − ⓔ − ⓕ
③ ⓐ − ⓑ − ⓓ − ⓔ − ⓕ
④ ⓐ − ⓒ − ⓓ − ⓔ − ⓕ

풀이 주공정의 발견
① $15 + 30 = 45$
② $10 + 20 + 12 = 42$
③ $10 + 8 + 14 + 12 = 44$
④ $15 + 14 + 12 = 41$
∴ 주공정이란 작업시간이 가장 오래 걸리는 공정을 의미하므로 정답은 ①이 된다.

26 다음의 PERT/CPM에서 주공정(Critical Path)은?(단, 화살표 밑의 숫자는 활동시간을 나타낸다.)

[04 기능장]

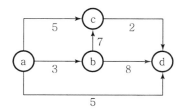

① ⓐ − ⓒ − ⓑ − ⓓ
② ⓐ − ⓑ − ⓒ − ⓓ
③ ⓐ − ⓑ − ⓓ
④ ⓐ − ⓓ

풀이 주공정의 발견
① 공정이 성립 안 됨
② $3 + 7 + 2 = 12$
③ $3 + 8 = 11$
④ 공정이 성립 안 됨
∴ 주공정이란 작업시간이 가장 오래 걸리는 공정을 의미하므로 정답은 ②가 된다.

27 다음 [그림]의 AOA(Activity−On−Arc) 네트워크에서 E 작업을 시작하려면 어떤 작업들이 완료되어야 하는가? [17 기능장]

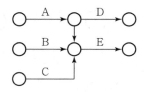

① B

② A, B

③ B, C

④ A, B, C

풀이 PERT/CPM

• D 작업을 하려면 A 작업을 완료하여야 한다.
• E 작업을 하려면 A, B, C 작업을 완료하여야 한다.

28 일정 통제를 할 때 1일당 그 작업을 단축하는 데 소요되는 비용의 증가를 의미하는 것은? [02, 08, 14, 18 기능장]

① 정상소요시간(Normal Duration Time)

② 비용견적(Cost Estimation)

③ 비용구배(Cost Slope)

④ 총비용(Total Cost)

풀이 비용구배

일정 통제를 할 때 1일당 그 작업을 단축하는 데 소요되는 비용의 증가를 의미한다.

$$비용구배 = \frac{특급비용 - 정상비용}{정상시간 - 특급시간}$$

29 어떤 공장에서 작업을 하는 데 있어서 소요되는 기간과 비용이 다음과 같을 때 비용구배는?[단, 활동시간의 단위는 일(日)로 계산한다.] [08, 15 기능장]

정상작업		특급작업	
기간	비용	기간	비용
15일	150만원	10일	200만원

① 50,000원

② 100,000원

③ 200,000원

④ 500,000원

풀이 비용구배 $= \dfrac{\text{특급비용} - \text{정상비용}}{\text{정상시간} - \text{특급시간}} = \dfrac{200 - 150}{15 - 10} = 10(\text{만 원}) = 100,000(\text{원})$

30 다음 [표]를 이용하여 비용구배(Cost Slope)를 구하면 얼마인가?　[06 기능장]

정상		특급	
소요시간	소요비용	소요시간	소요비용
5일	40,000원	3일	50,000원

① 3,000원/일　　　　② 4,000원/일
③ 5,000원/일　　　　④ 6,000원/일

풀이 비용구배 $= \dfrac{\text{특급비용} - \text{정상비용}}{\text{정상시간} - \text{특급시간}} = \dfrac{50,000 - 40,000}{5 - 3} = 5,000(\text{원/일})$

31 정상소요기간이 5일이고, 이때의 비용이 20,000원이며 특급소요기간이 3일이고, 이때의 비용이 30,000원이라면 비용구배는 얼마인가?　[11 기능장]

① 4,000원/일　　　　② 5,000원/일
③ 7,000원/일　　　　④ 10,000원/일

풀이 비용구배 $= \dfrac{\text{특급비용} - \text{정상비용}}{\text{정상시간} - \text{특급시간}} = \dfrac{50,000 - 40,000}{5 - 3} = 5,000(\text{원/일})$

PART 03

INDUSTRIAL MANAGEMENT

작업관리

CHAPTER 01 작업방법연구

1. 작업관리

인간이 관여하는 작업을 전반적으로 검토하고, 작업의 경제성과 효율성에 영향을 미치는 모든 요인을 체계적으로 조사·연구하여 작업의 표준화에 의한 표준시간을 설정, 생산성 향상을 꾀하고자 하는 지속적인 개선활동이다.

(1) 작업개선(문제점 해결)의 진행절차

문제점 발견 → 현상분석 → 개선안 수립 → 실시 → 평가

(2) 작업개선의 원칙(ECRS 원칙)

① 불필요한 작업의 배제(Eliminate)
② 작업 및 작업요소의 결합(Combine)
③ 작업순서의 변경(Rearrange)
④ 필요한 작업의 단순화(Simplify)

(3) 개선의 대상

① P(Production, 생산량)
② Q(Quality, 품질)
③ C(Cost, 원가)
④ D(Delivery, 납기)
⑤ S(Safety, 안전)
⑥ M(Morale, 환경)

(4) 개선의 목표(4가지 최종 목표)

① 피로의 경감 ② 시간의 단축
③ 품질의 향상 ④ 경비의 절감

2. 작업관리의 제 기법

작업관리의 제 기법				
구분단위	공정	단위작업	요소작업	동작요소
분석기법	공정분석	작업분석		동작분석
방법 연구	공정분석	**제품공정분석** 단순공정분석(OPC), 세밀공정분석(FPC)			
		사무공정분석			
		작업자 공정분석			
		부대분석	기능분석, 제품분석, 부품분석, 수율분석, 경로분석 등		
	작업분석	작업분석표	기본형, 시간란 부가, 시간눈금 부가, 작업자공정시간분석표		
		다중활동 분석표	Man – Machine Chart, Gang Process Chart, Man – Multi – Machine Chart, Multi – Man Machine Chart		
	동작분석	목시동작분석(**서블릭 기호, 동작경제의 원칙**), 미세동작분석			
작업 측정	표준시간 결정	**스톱워치법**, 표준자료법, **워크샘플링**, PTS(MTM, WF)			

SECTION 02 **작업관리의 방법연구**

1. 공정분석

(1) 공정분석의 정의

생산공정이나 작업방법의 내용을 공정순서에 따라 각 공정의 조건(발생순서, 가공조건, 경과시간, 이동거리 등)을 분석·조사·검토하여 공정계열의 합리화(생산기간의 단축, 재공품의 절감, 생산공정의 표준화)를 모색하는 것이다.

(2) 공정분석의 목적

① 생산공정의 개선 및 설계
② 공장 Layout의 개선 및 설계
③ 공정관리시스템의 개선 및 설계
④ 생산공정의 표준화
⑤ 생산기간의 단축
⑥ 재공품의 절감

(3) 공정분석의 종류

제품공정분석, 사무공정분석, 작업자공정분석, 기타 부대분석

(4) 공정도의 종류

① 제품(부품)공정도(Product Process Chart) : 단일부품의 제작공정이 원자재가 제품화되는 과정을 상세히 분석·기록하기 위해 사용되며, 작업(가공)·운반·저장·정체·검사의 공정도시기호를 사용한다.
② 작업공정도(Operation Process Chart) : 공정계열의 개요를 파악하기 위해서 또는 가공, 검사공정만의 순서나 시간을 알기 위해 활용되는 공정도이다.
③ 조립공정도(Assembly Process Chart) : Gozinto Chart라고도 하며, 작업, 검사 두 개의 기호를 사용하는 공정도로서 많은 부품 혹은 원재료를 조립, 분해 또는 화학적인 변화를 일으키는 사항을 나타낸다.
④ 흐름공정도(Flow Process Chart) : 보통 단일부품에만 사용되며, 작업·운반·저장·정체·검사의 공정도시기호를 사용하나 기입할 필요 없이 해당 기호에 색칠을 해주면 되며, 유통공정도라고도 한다.

기본문제 01

작업자가 어떠한 장소에서 다른 장소로 이동하면서 수행하는 업무의 범위와 경로 등을 계통적으로 조사·기록·검토하는 분석방법으로 작업(가공)·운반·저장·정체·검사의 공정도시기호를 사용하며, 운반계·창고계·보전계·감독자 등의 행동분석 등에 사용되는 분석방법을 무엇이라고 하는가?

풀이 작업자 공정분석(Operator Process Chart)

〈제품공정분석 기호〉

제품공정분석표에 사용되는 도시기호				
공정의 종류	공정 기호	공정의 보조	공정 기호	비고(일반적으로 널리 사용되는 기호)
가공	○	관리 구분	〰	△ **원재료 저장** ▽ 반제품 또는 제품의 저장
운반	○ 또는 ⇨	담당 구분	┼	◇ 질만의 검사 ⬒ 양과 질의 동시검사(양이 주)
저장 또는 정체	▽ 또는 D	공정 도시 생략	╪	◈ 양과 질의 동시검사(질이 주) ◲ **양의 검사와 가공(양이 주)** ◎ 가공과 질의 검사(가공이 주)
검사	□	폐기	✕	▽ **공정 간에 있어서의 정체** ✡ **작업 중의 정체**
작성 요령		**가공시간표시**		$\dfrac{1개\ 가공시간 \times 로트크기}{1로트의\ 총\ 가공시간}$
		운반거리표시		$\dfrac{1회\ 운반거리 \times 운반횟수}{1로트의\ 총\ 운반거리}$

2. 작업분석

(1) 작업분석의 정의

생산 주체인 작업자의 활동을 중심으로 생산 대상물을 움직이게 하는 과정을 검토·분석하는 것으로서 작업개선을 위하여 작업의 모든 생산적·비생산적 요인을 분석하여 단위당 생산량을 증가시키고 단위당 비용을 감소시키기 위한 기법이다.

(2) 작업분석의 목표

① 작업방법의 개선
② 작업절차와 운반·관리 단순화
③ 작업 여건의 개선과 작업자의 피로 감소
④ 품질보증
⑤ 능률향상
⑥ 생산량의 증가와 단위비용의 감소

3. 동작분석

(1) 동작분석의 정의

하나의 고정된 장소에서 행해지는 작업자의 동작내용을 도표화하여 분석하고 움직임의 낭비를 없애고 피로가 보다 적은 동작의 순서나 합리적인 동작을 마련하기 위한 기법이다.

(2) 동작분석의 목표

① 작업동작의 각 요소의 분석과 능률향상
② 작업동작과 인간공학의 관계 분석에 의한 동작 개선
③ 작업동작의 표준화
④ 최저동작의 구성

(3) 동작분석의 종류

① 목시동작분석 : **서블릭분석, 동작경제의 원칙**
② 미세동작분석 : Film 분석, VTR 분석 등

(4) 동작경제의 원칙

길브레스가 처음 사용하고, 반스(Barnes)가 개량·보완하였다.

① 신체의 사용에 관한 원칙
　㉠ 양손이 동시에 시작하고 동시에 끝나도록 한다.
　㉡ 휴식시간을 제외하고 양손이 동시에 쉬어서는 안 된다.
　㉢ 양팔은 반대방향, 대칭적인 방향으로 동시에 행한다.

② 작업역의 배치에 관한 원칙
　㉠ **공구와 재료는 지정된 위치에 놓여 있어야 한다.**
　㉡ **가능하다면 낙하식 운반방법을 사용하여야 한다.**
　㉢ **시각에 가장 적당한 조명을 만들어 주어야 한다.**

③ 공구류 및 설비의 설계에 관한 원칙
　㉠ 손 이외의 신체부분을 이용하여 손의 노력을 경감시켜야 한다.
　㉡ 가능하면 두 개 이상의 기능이 있는 공구를 사용한다.
　㉢ **도구와 재료는 가능한 한 다음에 사용하기 쉽게 놓아야 한다.**

CHAPTER 02 작업시간연구

SECTION 01 작업시간연구의 개요

작업 및 관리의 과학화에 필요한 제 정보를 얻기 위하여 작업자가 행하는 제 활동과 시간을 기초로 하여 작업시간을 측정하는 것이다. 작업시간연구(작업측정)의 제 기법은 최종적으로는 표준시간을 설정하는 데 그 목적이 있으며 종류로는 다음과 같다.

시간연구법	Stop Watch법, 촬영법
PTS법	MTM법, WF법
WS법	관측비율로 각 항목의 표준시간을 산정한다.
표준자료법	유사작업을 파악하여 작업조건의 변경에 따른 작업시간 변화를 분석하여 표준시간을 산정한다.

1. 표준시간(Standard Time)

소정의 표준작업 조건하에서 일정한 작업방법에 따라서 숙련된 작업자가 정상적인 속도로 작업을 수행하는 데 필요한 시간을 말한다. 표준시간은 다음과 같이 구성된다.

> 표준시간(ST) = 정미시간(NT) + 여유시간(AT)
> (정미시간은 정상시간이라고도 한다.)

2. 표준시간의 산출

(1) 외경법(여유율은 정미시간에 대한 비율)

① **여유율** $= \dfrac{\text{여유시간}}{\text{정미시간}}$ ⇒ 여유시간 = 정미시간×여유율

② 정미시간 = 관측시간×(정상화계수)

∴ **표준시간 = 정미시간×(1+여유율)**

$$\text{단위당 가공시간} = \frac{\text{준비작업시간}}{\text{로트수}} + [\text{정미시간}×(1+\text{여유율})]$$

(2) 내경법(여유율은 실동시간에 대한 비율)

① **여유율** $= \dfrac{\text{여유시간}}{\text{정미시간}+\text{여유시간}}$ ⇒ 여유시간 = 정미시간 × $\dfrac{\text{여유율}}{1-\text{여유율}}$

② 정미시간 = 관측시간×(정상화계수)

∴ **표준시간 = 정미시간** × $\dfrac{1}{(1-\text{여유율})}$

3. 정상화 작업(Normalizing, Rating, Leveling)

시간관측자가 관측 중에 작업자의 작업속도와 표준속도를 비교하여 작업자의 작업속도를 정상속도화하는 것을 의미한다.

기본문제 02

레이팅(Rating)할 때 주의해야 할 사항으로 가장 거리가 먼 내용은?

① 관측시간으로서 업무시작 시점, 점심 전후, 업무종료 시점은 부적당하다.

② 관측 즉시 그 자리에서 평가해서는 안 된다.

③ 평가한 결과를 임의로 변경해서는 안 된다.

④ 평가에 의문이 있으면 그 작업에 대하여 다시 평가하는 것이 좋다.

풀이 ② 관측 즉시 그 자리에서 평가하는 것이 가장 바람직하다.

정답 ②

SECTION 02 작업시간 측정방법

1. Stop Watch에 의한 시간연구

(1) 정의

테일러(F.W. Taylor)에 의해 처음 도입된 방법으로 잘 훈련된 자격을 갖춘 작업자가 정상적인 속도로 완료하는 특정한 작업을 직접 측정하여 이로부터 표준시간을 설정하는 방법으로 반복적이고 짧은 주기의 작업에 적합하나 작업자에 대한 심리적 영향을 가장 많이 주는 측정방법이며, 이때 시간치 측정단위는 1/100분(1DM＝0.6초 ; Decimal Minute)을 사용한다.

(2) 관측방법의 분류

① 반복법   ② 계속법
③ 누적법   ④ 순환법

2. 워크샘플링(Work Sampling)법

(1) 정의

통계적인 샘플링방법을 이용하여 작업자의 활동, 기계의 활동, 물건의 시간적 추이 등의 관측대상을 순간적으로 관측(Snap Reading)하는 통계적 · 계수적인 작업측정의 한 기법으로 영국의 통계학자 L.H.C.Tippet에 의해 최초로 고안되었다.

(2) 특징

① 노력이 적게 든다.
② 사이클 타임이 긴 작업에도 적용이 가능하다.
③ 한 사람이 다수의 작업자를 관측할 수 있다.
④ 대상자가 의식적으로 행동하는 일이 적으므로 결과의 신뢰도가 높다.

3. 표준자료법

(1) 정의

작업요소별로 관측된 표준자료(Standard Data)가 존재하는 경우, 이들 작업요소별 표준자료들을 합성한 후 다중회귀분석을 활용하여 정미시간을 구하고

여유시간을 반영하여 표준시간을 설정하는 방법으로, 다품종 소량생산이나 소로트 생산에 주로 이용된다.

(2) 특징

① 레이팅이 필요 없다.
② 작업의 표준화가 유지 · 촉진된다.
③ 누구라도 일관성 있게 표준시간을 산정하기 쉽고, 적용이 간편하다.
④ 제조원가의 사전견적이 가능하며, 현장에서 데이터를 직접 측정하지 않아도 된다.

4. PTS(Predetermined Time Standards)법

(1) PTS법의 의의

사람이 행하는 작업 또는 작업방법을 기본적으로 분석하고 각 기본동작에 대하여 그 성질과 조건에 따라 이미 정해진(Predetermined) 기초동작치(Time Standards)를 사용하여 알고자 하는 작업동작 또는 운동의 시간치를 구하고 이를 집계하여 작업의 정미시간을 구하는 방법이다.

(2) MTM(Method Time Measurement)법

인간이 행하는 작업을 기본동작으로 분석하고, 각 기본동작은 그 성질과 조건에 따라 미리 정해진 시간치를 적용, 정미시간을 구하는 방법이다.

MTM법의 시간치	1TMU=0.00001시간=0.0006분=0.036초, 1초=27.8TMU 1분=1,666.7TMU, 1시간=100,000TMU [TMU : Time Measurement Unit]
MTM법의 이점	• 레벨링이나 레이팅 등으로 수행도의 평가를 할 필요가 없다. • 작업연구원으로서는 시간치보다 작업방법에 의식을 집중할 수 있다.

(3) WF법

사람이 행하는 작업을 요소동작으로 분석하고 각 요소동작에 대하여 그 성질과 조건에 따라 WF법의 규정을 적용하여 WF 동작시간표로부터 시간치를 구하고 집계하여 그 작업의 정미시간을 구하는 방법이다.

① WF법의 특징

　　㉠ WF 시간치는 정미시간이다.(시간단위로는 1WFU＝1/10,000분을 사용한다.)

　　㉡ 정확성과 일관성이 증대한다.

　　㉢ 동작 개선에 기여한다.

② WF법의 주요 변수

　　㉠ 사용되는 신체부위

　　㉡ 동작거리

　　㉢ 중량 또는 저항(Weight, Resistance)

　　㉣ 동작의 곤란성(Work－Factors)

　　　• 일시정지(Definite Stop) : D

　　　• 방향조절(Steering) : S

　　　• 주의(Precaution) : P

　　　• 방향 변경(Change of Direction) : U

기본문제 03

MTM법에서 1초는 몇 TMU인가?

① 10　　　　　　　　　　　② 16.7

③ 27.8　　　　　　　　　　④ 36.0

풀이　1TMU＝0.00001시간＝0.0006분＝0.036초이므로,

$$1초 = \frac{1}{0.036} = 27.778\,(TMU)$$

정답 ③

기본문제 04

MTM법에서 90초는 약 몇 TMU인가?

① 908　　　　　　　　　　② 2,500

③ 4,176　　　　　　　　　④ 15,000

풀이　90초＝90×27.8TMU＝2,502(TMU)

정답 ②

03 설비보전

SECTION 01 설비보전업무

생산보전(Productive Maintenance)에는 보전예방(MP ; Maintenance Prevention), 예방보전(PM ; Preventive Maintenance), 개량보전(CM ; Corrective Maintenance), 사후보전(BM ; Breakdown Maintenance) 등이 있다.

1. 설비보전방식

(1) 사후보전 : BM(Breakdown Maintenance)

고장, 정지 또는 유해한 성능저하를 초래한 뒤 수리를 하는 보전방법이다.

(2) 예방보전 : PM(Preventive Maintenance)

설비의 건강상태를 유지하고 고장이 일어나지 않도록 열화를 방지하기 위한 일상보전, 열화를 측정하기 위한 정기검사 또는 설비진단, 열화를 조기에 복원시키기 위한 정비 등을 하는 것이다.

(3) 개량보전 : CM(Corrective Maintenance)

보전비용이 적게 들도록 재료를 개선하거나, 보다 용이한 부품 교체가 가능하도록 설비의 체질을 개선해서 수명연장, 열화방지 등의 효과를 높이는 보전활동으로서 개량보전을 위하여 고장상태를 잘 알 수 있도록 설비를 사용하는 사람이 기록을 하고 또, 고장 재발을 방지하기 위하여 개선제안을 적극적으로 한다.

(4) 보전예방 : MP(Maintenance Prevention)

새로운 설비를 계획할 때에 PM 생산보존을 고려하여 고장 나지 않고(신뢰성 좋은) 보전하기 쉬운(보전성이 좋은) 설비를 설계하거나 선택하는 것을 말한다.

2. 보전조직의 형태

(1) 집중보전

보전요원이 특정관리자 밑에 상주하면서 보전활동을 실시(보전요원에게 집중됨)

(2) 지역보전

특정지역에 분산배치되어 보전활동을 실시

(3) 부문보전

각 부서별·부문별로 보전요원을 배치하여 보전활동을 실시(보전작업자는 조직상 각 제조부문의 감독자 밑에 둠)

(4) 절충식

위 3가지 보전의 장점만을 절충한 형태

구분	장점	단점
집중보전	• 인원배치의 유연성 • 노동력의 유효이용 • 보전 설비공구의 유효이용	• 운전부문과의 일체감 부족 • 현장감독의 곤란성 • 현장왕복시간 증대
지역보전	• 운전부문과의 일체감 • 현장감독의 용이성 • 현장왕복시간 단축	• 노동력의 유효이용 곤란 • 인원배치의 유연성 제약 • 보전용 설비공구의 중복
부문보전	지역보전과 유사	• 생산우선에 의한 보전경시 • 보전기술 향상의 곤란성 • 보전책임의 분할

SECTION 02 TPM(Total Productive Maintenance)

1. TPM의 기본이념

(1) 돈을 버는 기업체질 조성 : 경제성 추구, 재해 Zero, 불량 Zero, 고장 Zero
(2) 예방철학 : 예방보전(PM), 보전예방(MP), 개량보전(CM)
(3) 전원참가 : 참여경영, 인간존중
(4) 현장·현물주의 : 바람직한 상태의 설비, 눈으로 보는 관리, 쾌적한 직장 조성
(5) 자동화·무인화 시스템 : 근로자의 안전과 근로시간의 단축

2. TPM의 기본방침

(1) 전원참가의 활동으로 고장, 불량, 재해 Zero를 지향한다.
(2) 자주보전을 통한 자주보전능력의 향상과 활기찬 현장을 구축한다.
(3) 보전기술을 습득하고 설비에 강한 인재를 육성한다.
(4) 생산성 높은 설비 상태를 유지하고, 설비의 효율화를 꾀한다.

3. TPM의 5가지 기둥(기본활동)

(1) 프로젝트팀에 의한 설비효율화, 개별개선활동
(2) 설비운전·사용부문의 자주보전활동
(3) 설비보전부문의 계획보전활동
(4) 운전자·보전자의 기능·기술향상 교육훈련활동
(5) 설비계획부문의 설비 초기관리체제 확립활동

4. TPM 추진단계

(1) 준비단계

① Top의 도입결의 선언
② TPM의 도입교육 및 홍보
③ 추진조직편성
④ 기본방침과 목표 설정
⑤ TPM 전개의 Master Plan 작성

(2) 실시단계

    ① 생산효율화 체제 구축

    ② 보전예방 활동 및 초기관리체제 확립

    ③ 품질보전체제 확립

    ④ 간접부문의 업무효율화

    ⑤ 안전 · 위생 · 환경의 관리체제 확립

(3) 정착단계

    TPM의 완전실시와 Level – Up

5. TPM 활동

(1) 3정(定)

    ① 정량

    ② 정품

    ③ 정위치

(2) 5행(行)[5S]

5S	정의
정리(Seiri)	필요한 것과 불필요한 것을 구분하여, 불필요한 것은 없애는 것
정돈(Seiton)	필요한 것을 언제든지 필요한 때에 꺼내 쓸 수 있는 상태로 하는 것
청소(Seisou)	쓰레기와 더러움이 없는 상태로 만드는 것
청결(Seiketsu)	정리, 정돈, 청소의 상태를 유지하는 것
습관화(Shitsuke)	정해진 일을 올바르게 지키는 습관을 생활화하는 것

04 기출문제 총정리

1. 작업방법연구

01 컨베이어작업과 같이 단조로운 작업은 작업자에게 무력감과 구속감을 주고 생산량에 대한 책임감을 저하시키는 등 폐단이 있다. 다음 중 이러한 단조로운 작업의 결함을 제거하기 위해 채택되는 직무설계방법으로 가장 거리가 먼 것은? [11 기능장]

① 자율경영팀 활동을 권장한다.
② 하나의 연속작업시간을 길게 한다.
③ 작업자 스스로가 직무를 설계하도록 한다.
④ 직무확대, 직무충실화 등의 방법을 활용한다.

풀이 컨베이어작업과 같은 단조로운 작업을 계속한다면 정신적, 육체적으로 문제가 발생하므로, 하나의 연속작업시간은 되도록 짧게 하는 것이 좋다.

02 작업방법 개선의 기본 4원칙을 표현한 것은? [13 기능장]

① 층별 – 랜덤 – 재배열 – 표준화
② 배제 – 결합 – 랜덤 – 표준화
③ 층별 – 랜덤 – 표준화 – 단순화
④ 배제 – 결합 – 재배열 – 단순화

풀이 작업개선의 원칙(ECRS 원칙)
- 불필요한 작업의 배제(Eliminate)
- 작업 및 작업요소의 결합(Combine)
- 작업순서의 변경(Rearrange)
- 필요한 작업의 단순화(Simplify)

03 로트(Lot)수를 가장 올바르게 정의한 것은? [03 기능장]

① 1회 생산수량을 의미한다.
② 일정한 제조회수를 표시하는 개념이다.
③ 생산목표량을 기계대수로 나눈 것이다.
④ 생산목표량을 공정수로 나눈 것이다.

> **풀이** ① 로트의 크기
> ② 로트의 수
> ③ 1대당 생산목표량
> ④ 각 공정별 생산목표량

04 작업개선을 위한 공정분석에 포함되지 않는 것은? [10 기능장]

① 제품공정분석   ② 사무공정분석
③ 직장공정분석   ④ 작업자공정분석

> **풀이** 공정분석의 종류
> 제품공정분석, 사무공정분석, 작업자공정분석, 기타 부대분석

05 원재료가 제품화 되어가는 과정 즉 가공, 검사, 운반, 지연, 저장에 관한 정보를 수집 하여 분석하고 검토를 행하는 것은? [05 기능장]

① 사무공정분석표
② 작업자공정분석표
③ 제품공정분석표
④ 연합작업분석표

> **풀이** 제품(부품)공정도(Product Process Chart)
> 단일부품의 제작공정이 원자재가 제품화되는 과정을 상세히 분석·기록하기 위해 사용되며, 작 업(가공)·운반·저장·정체·검사의 공정도시기호를 사용한다.

06 작업자가 장소를 이동하면서 작업을 수행하는 경우에 그 과정을 가공, 검사, 운반, 저장 등의 기호를 사용하여 분석하는 것을 무엇이라 하는가? [07 기능장]

① 작업자 연합작업분석　　　　② 작업자 동작분석
③ 작업자 미세분석　　　　　　④ 작업자 공정분석

풀이 작업자 공정분석(Operator Process Chart)
작업자가 어떠한 장소에서 다른 장소로 이동하면서 수행하는 업무의 범위와 경로 등을 계통적으로 조사·기록·검토하는 분석방법으로 작업(가공)·운반·저장·정체·검사의 공정도시기호를 사용한다.

07 공정 중에 발생하는 모든 작업, 검사, 운반, 저장, 정체 등이 도식화 된 것이며 또한 분석에 필요하다고 생각되는 소요시간, 운반거리 등의 정보가 기재된 것은? [13 기능장]

① 작업분석(Operation Analysis)
② 다중활동분석표(Multiple Activity Chart)
③ 사무공정분석(Form Process Chart)
④ 유통공정도(Flow Process Chart)

풀이 흐름공정도(Flow Process Chart)
보통 단일부품에만 사용되며, 작업·운반·저장·정체·검사의 공정도시기호를 사용하나 기입할 필요 없이 해당 기호에 색칠을 해주면 되며, 유통공정도라고도 한다.

08 제품공정도를 작성할 때 사용되는 요소(명칭)가 아닌 것은? [13 기능장]

① 가공　　　　　　　　　　② 검사
③ 정체　　　　　　　　　　④ 여유

풀이 공정도시기호
• 작업(가공) : ○　　　　　　• 운반(이동) : ⇨
• 정체 : D　　　　　　　　　• 검사 : □

09 ASME(American Society of Mechanical Engineers)에서 정의하고 있는 제품공정분석표에 사용되는 기호 중 "저장(Storage)"을 표현한 것은? [09, 15, 19 기능장]

① ○　　　　　　　　　　② □
③ ▽　　　　　　　　　　④ ⇨

정답 06 ④　07 ④　08 ④　09 ③

풀이 ① 작업(가공)
② 검사
③ 저장
④ 운반(이동)

10 공정분석 기호 중 □는 무엇을 의미하는가? [06 기능장]

① 검사　　　　　　　② 가공
③ 정체　　　　　　　④ 저장

풀이 ① □
② ○
③ D
④ ▽

11 제품공정분석표용 도식기호 중 정체공정(Delay) 기호는 어느 것인가? [06 기능장]

① ○　　　　　　　② ⇨
③ D　　　　　　　④ □

풀이 ① 작업(가공)
② 운반(이동)
③ 정체
④ 검사

12 제품공정분석표에 사용되는 기호 중 공정 간의 정체를 나타내는 기호는? [04 기능장]

① ◯　　　　　　　② ▽
③ ✡　　　　　　　④ △

풀이 ① 수량검사 위주의 작업(가공)
② (로트)대기(정체) 또는 공정 간의 정체
③ (일시적) 정체
④ 원재료 저장

13 공정도시 기호 중 공정계열의 일부를 생략할 경우에 사용되는 보조도시 기호는?

[03 기능장]

①

②

③

④

풀이 ① 관리구분
② 생략
③ 담당자 구분
④ 폐기

14 제품공정분석표(Product Process Chart) 작성 시 가공시간 기입법으로 가장 올바른 것은?

[07 기능장]

① $\dfrac{1개당\ 가공시간 \times 1로트의\ 수량}{1로트의\ 총\ 가공시간}$

② $\dfrac{1개당\ 가공시간}{1로트의\ 총\ 가공시간 \times 1로트의\ 수량}$

③ $\dfrac{1개당\ 가공시간 \times 1로트의\ 총\ 가공시간}{1로트의\ 수량}$

④ $\dfrac{1개당\ 총\ 가공시간}{1로트의\ 가공시간 \times 1로트의\ 수량}$

풀이 • 가공시간 : $\dfrac{1개당\ 가공시간 \times 1로트의\ 수량}{1로트의\ 총\ 가공시간}$

• 운반시간 : $\dfrac{1회\ 운반시간 \times 운반횟수}{1로트의\ 총\ 운반시간}$

• 운반거리 : $\dfrac{1회\ 운반거리 \times 운반횟수}{1로트의\ 총\ 운반거리}$

• 검사시간 : $\dfrac{1개당\ 검사시간 \times 로트크기}{1로트의\ 총\ 검사시간}$

정답 13 ② 14 ①

15 서블릭(Therblig) 기호는 어떤 분석에 주로 이용되는가? [02 기능장]

① 연합작업분석   ② 공정분석

③ 동작분석   ④ 작업분석

풀이 **동작분석의 종류**
- 목시동작분석 : 서블릭분석, 동작경제의 원칙
- 미세동작분석 : Film 분석, VTR 분석 등

16 다음 중 반스(Ralph M. Barnes)가 제시한 동작경제원칙에 해당되지 않는 것은?

[09, 14 기능장]

① 표준작업의 원칙

② 신체의 사용에 관한 원칙

③ 작업장의 배치에 관한 원칙

④ 공구 및 설비의 디자인에 관한 원칙

풀이 **동작경제의 원칙**
- 신체의 사용에 관한 원칙
- 작업역의 배치에 관한 원칙
- 공구류 및 설비의 설계에 관한 원칙

17 Ralph M. Barnes 교수가 제시한 동작경제의 원칙 중 작업장 배치에 관한 원칙 (Arrangement of The Workplace)에 해당되지 않는 것은? [11, 18 기능장]

① 가급적이면 낙하식 운반방법을 이용한다.

② 모든 공구나 재료는 지정된 위치에 있도록 한다.

③ 적절한 조명을 하여 작업자가 잘 보면서 작업할 수 있도록 한다.

④ 가급적 용이하고 자연스런 리듬을 타고 일할 수 있도록 작업을 구성하여야 한다.

풀이 **동작경제의 원칙**
- 작업역의 배치에 관한 원칙 : ①, ②, ③
- 공구류 및 설비의 설계에 관한 원칙 : ④

정답 15 ③   16 ①   17 ④

2. 작업시간연구

18 작업측정의 목적 중 틀린 것은?　　　　　　　　　　　　　　　[16 기능장]

① 작업개선
② 표준시간 설정
③ 과업관리
④ 요소작업 분할

풀이 요소작업 분할은 작업측정의 목적이 아니라 작업측정을 위한 방법이다.

19 표준시간을 내경법으로 구하는 수식으로 맞는 것은?　　　　　　　[06, 17 기능장]

① 표준시간 = 정미시간 + 여유시간
② 표준시간 = 정미시간 × (1 + 여유율)
③ 표준시간 = 정미시간 × $\dfrac{1}{(1-\text{여유율})}$
④ 표준시간 = 정미시간 × $\dfrac{1}{(1+\text{여유율})}$

풀이 표준시간 공식
- 외경법 : 표준시간 = 관측시간 × (1 + 여유율)
- 내경법 : 표준시간 = 관측시간 × $\dfrac{1}{(1-\text{여유율})}$

20 여유시간이 5분, 정미시간이 40분일 경우 내경법으로 여유율을 구하면 약 몇 %인가?　　　　　　　[12, 19 기능장]

① 6.33%　　　　　② 9.05%
③ 11.11%　　　　　④ 12.50%

풀이 여유율 계산(내경법)

여유율 = $\dfrac{\text{여유시간}}{\text{정미시간} + \text{여유시간}} = \dfrac{5}{40+5} = 0.1111(11.11\%)$

21 준비작업시간 100분, 개당 정미작업시간 15분, 로트크기 20일 때 1개당 소요작업시간은 얼마인가?(단, 여유시간은 없다고 가정한다.) [12 기능장]

① 15분   ② 20분

③ 35분   ④ 45분

풀이 소요작업시간/개 = 준비작업시간/개 + 정미작업시간/개

$$= \frac{준비작업시간}{로트크기} + 정미작업시간/개 = \frac{100}{20} + 15 = 20(분)$$

22 로트수가 10이고 준비작업시간이 20분이며 로트별 정미작업시간이 60분이라면 1로트당 작업시간은? [04 기능장]

① 90분   ② 62분

③ 26분   ④ 13분

풀이 1로트당 작업시간 $= \frac{준비작업시간}{로트수} + 로트별\ 정미작업시간 = \frac{20}{10} + 60 = 62(분)$

23 준비작업시간이 5분, 정미작업시간이 20분, Lot수 5, 정미작업시간에 대한 여유율이 0.2라면 가공시간은? [02 기능장]

① 150분   ② 145분

③ 125분   ④ 105분

풀이 표준시간 계산(외경법)

표준시간 = 준비시간 + 정미시간 × (1 + 여유율) = 5 + 5 × 20 × (1 + 0.2) = 125

24 테일러(F.W. Taylor)에 의해 처음 도입된 방법으로 작업시간을 직접 관측하여 표준시간을 설정하는 표준시간 설정기법은? [13 기능장]

① PTS법   ② 실적자료법

③ 표준자료법   ④ 스톱워치법

풀이 스톱워치법

테일러(F.W. Taylor)에 의해 처음 도입된 방법으로 잘 훈련된 자격을 갖춘 작업자가 정상적인 속도로 완료하는 특정한 작업을 직접 측정하여 이로부터 표준시간을 설정하는 방법으로 반복적이고 짧은 주기의 작업에 적합하나 작업자에 대한 심리적 영향을 가장 많이 주는 측정방법이다.

정답 21 ②   22 ②   23 ③   24 ④

25 작업시간 측정방법 중 직접측정법은? [05, 12, 19 기능장]

① PTS법
② 경험견적법
③ 표준자료법
④ 스톱워치법

풀이 **스톱워치법**
테일러(F.W. Taylor)에 의해 처음 도입된 방법으로 작업시간을 직접 관측하여 표준시간을 설정하는 표준시간 설정기법이다.

26 다음 중에서 작업자에 대한 심리적 영향을 가장 많이 주는 작업측정의 기법은?

[05 기능장]

① PTS법   ② 워크샘플링법
③ WF법   ④ 스톱워치법

풀이 **스톱워치법**
짧은 주기의 작업에 적합하나 작업자에 대한 심리적 영향을 가장 많이 주는 측정방법이다.

27 워크샘플링에 관한 설명 중 틀린 것은? [17 기능장]

① 워크샘플링은 일명 스냅리딩(Snap Reading)이라 불린다.
② 워크샘플링은 스톱워치를 사용하여 관측대상을 순간적으로 관측하는 것이다.
③ 워크샘플링은 영국의 통계학자 L.H.C. Tippet가 가동률 조사를 위해 창안한 것이다.
④ 워크샘플링은 사람의 상태나 기계의 가동상태 및 작업의 종류 등을 순간적으로 관측하는 것이다.

풀이 **워크샘플링법**(Work Sampling)
통계적인 샘플링방법을 이용하여 작업자의 활동, 기계의 활동, 물건의 시간적 추이 등의 관측대상을 순간적으로 관측(Snap Reading)하는 통계적ㆍ계수적인 작업측정의 한 기법으로 영국의 통계학자 L.H.C. Tippet에 의해 최초로 고안되었다.

28 다음은 워크샘플링에 대한 설명이다. 틀린 것은? [03 기능장]

① 관측대상의 작업을 모집단으로 하고 임의의 시점에서 작업내용을 샘플로 한다.
② 업무나 활동의 비율을 알 수 있다.
③ 기초이론은 확률이다.
④ 한 사람의 관측자가 1인 또는 1대의 기계만을 측정한다.

풀이 워크샘플링법의 특징 중 하나가 한 사람이 다수의 작업자를 관측할 수 있다는 것이다.

29 모든 작업을 기본동작으로 분해하고 각 기본동작에 대하여 성질과 조건에 따라 정해 놓은 시간치를 적용하여 정미시간을 산정하는 방법은? [02, 08, 15, 18 기능장]

① PTS법 ② WS법
③ 스톱워치법 ④ 실적기록법

풀이 PTS(Predetermined Time Standards)법
사람이 행하는 작업 또는 작업방법을 기본적으로 분석하고 각 기본동작에 대하여 그 성질과 조건에 따라 이미 정해진(Predetermined) 기초동작치(Time Standards)를 사용하여 알고자 하는 작업동작 또는 운동의 시간치를 구하고 이를 집계하여 작업의 정미시간을 구하는 방법이다.

30 표준시간 설정 시 미리 정해진 표를 활용하여 작업자의 동작에 대해 시간을 산정하는 시간연구법에 해당되는 것은? [16, 18 기능장]

① PTS법 ② 스톱워치법
③ 워크샘플링법 ④ 실적자료법

풀이 29번 풀이 참조

31 MTM(Method Time Measurement)법에서 사용되는 1TMU(Time Measurement Unit)는 몇 시간인가? [08, 14 기능장]

① 1/100,000시간 ② 1/10,000시간
③ 6/10,000시간 ④ 36/1,000시간

풀이 MTM법의 시간치
1TMU=0.00001시간=1/100,000시간=0.0006분=0.036초, 1초=27.8TMU

정답 28 ④ 29 ① 30 ① 31 ①

32 다음 중 인위적 조절이 필요한 상황에 사용될 수 있는 워크팩터(Work Factor)의 기호가 아닌 것은? [10 기능장]

① D   ② K
③ P   ④ S

풀이 동작의 곤란성(Work-Factors)
- 일시정지(Definite Stop) : D
- 방향조절(Steering) : S
- 주의(Precaution) : P
- 방향 변경(Change of Direction) : U

3. 설비보전

33 설비의 구식화에 의한 열화는? [02 기능장]

① 상대적 열화   ② 경제적 열화
③ 기술적 열화   ④ 절대적 열화

풀이 설비의 열화
- 상대적 열화(구식화) ⇒ 경제적 열화(가치감소) : 갱신
- 절대적 열화(노후화) ⇒ 기술적 열화(성능저하) : 복원/개선

34 생산보전(PM ; Productive Maintenance)의 내용에 속하지 않는 것은? [05, 15 기능장]

① 보전예방   ② 안전보전
③ 예방보전   ④ 개량보전

풀이 생산보전(PM ; Productive Maintenance)
- 보전예방(MP ; Maintenance Prevention)
- 예방보전(PM ; Preventive Maintenance)
- 개량보전(CM ; Corrective Maintenance)
- 사후보전(BM ; Breakdown Maintenance)

정답 32 ② 33 ① 34 ②

35 예방보전(Preventive Maintenance)의 효과가 아닌 것은?   [13, 19 기능장]

① 기계의 수리비용이 감소한다.
② 생산시스템의 신뢰도가 향상된다.
③ 고장으로 인한 중단시간이 감소한다.
④ 잦은 정비로 인해 제조원단위가 증가한다.

풀이 예방보전(PM : Preventive Maintenance)
설비의 건강상태를 유지하고 고장이 일어나지 않도록 열화를 방지하기 위한 일상보전, 열화를 측정하기 위한 정기검사 또는 설비진단, 열화를 조기에 복원시키기 위한 정비 등을 하는 것인데 일상보전은 주유, 청소, 조절, 점검 등이 있고, 열화를 측정하여 열화를 회복시켜 주므로, 잦은 정비가 필요 없고, 예비기계를 보유해야 할 필요성이 없어지므로, 제조원단위는 감소한다.

36 예방보전(Preventive Maintenance)의 효과로 보기에 가장 거리가 먼 것은?
[10 기능장]

① 기계의 수리비용이 감소한다.
② 생산시스템의 신뢰도가 향상된다.
③ 고장으로 인한 중단시간이 감소한다.
④ 예비기계를 보유해야 할 필요성이 증가한다.

풀이 35번 풀이 참조

37 예방보전의 기능에 해당하지 않는 것은?   [03 기능장]

① 취급되어야 할 대상설비의 결정
② 정비작업에서 점검시기의 결정
③ 대상설비 점검개소의 결정
④ 대상설비의 외주이용도 결정

풀이 예방보전(Preventive Maintenance)을 위해서는 취급되어야 할 대상설비의 결정, 정비작업에서 점검시기의 결정, 대상설비 점검개소의 결정 등이 필요하나, 대상설비의 외주이용도는 필요가 없다.

38 설비보전조직 중 지역보전(Area Maintenance)의 장점에 해당하지 않는 것은?

[17, 19 기능장]

① 현장왕복시간이 증가한다.
② 조업요원과 지역보전요원과의 관계가 밀접해진다.
③ 보전요원이 현장에 있으므로 생산 본위가 되며 생산의욕을 가진다.
④ 같은 사람이 같은 설비를 담당하므로 설비를 잘 알며 충분한 서비스를 할 수 있다.

풀이 지역보전

장점	단점
• 운전부문과의 일체감 • 현장감독의 용이성 • 현장왕복시간 단축	• 노동력의 유효이용 곤란 • 인원배치의 유연성 제약 • 보전용 설비공구의 중복

39 다음 내용은 설비보전조직에 대한 설명이다. 어떤 조직의 형태에 대한 설명인가?

[05, 16 기능장]

> 보전작업자는 조직상 각 제조부문의 감독자 밑에 둔다.
> • 단점 : 생산우선에 의한 보전작업 경시, 보전기술 향상의 곤란성
> • 장점 : 운전자와 일체감 및 현장감독의 용이성

① 집중보전　　　　　　② 지역보전
③ 부문보전　　　　　　④ 절충보전

풀이 부문보전
각 부서별·부문별로 보전요원을 배치하여 보전활동을 실시(보전작업자는 조직상 각 제조부문의 감독자 밑에 둠)

장점	단점
• 운전부문과의 일체감 • 현장감독의 용이성 • 현장왕복시간 단축	• 생산우선에 의한 보전 경시 • 보전기술 향상의 곤란성 • 보전책임의 분할

40 TPM 활동 체제 구축을 위한 5가지 기둥과 가장 거리가 먼 것은?　　　　[15 기능장]

① 설비초기관리체제 구축 활동
② 설비효율화의 개별개선 활동
③ 운전과 보전의 스킬 업 훈련 활동
④ 설비경제성검토를 위한 설비투자분석 활동

풀이 TPM의 5가지 기둥(기본활동)
  • 설비계획부문의 설비 초기관리체제 확립활동(설비초기관리체제 구축 활동)
  • 프로젝트팀에 의한 설비효율화 개별개선활동(설비효율화의 개별개선 활동)
  • 운전자·보전자의 기능·기술향상 교육훈련활동(운전과 보전의 스킬 업 훈련 활동)
  • 설비보전부문의 계획보전활동
  • 설비운전사용부문의 자주보전활동

41 TPM 활동의 기본을 이루는 3정 5S 활동에서 3정에 해당되는 것은?　　　　[06 기능장]

① 정시간　　　　　　　　② 정돈
③ 정리　　　　　　　　　④ 정량

풀이 3정(定)
  • 정량
  • 정품
  • 정위치

기타
공업경영

01 품질관리의 기초

SECTION 01 품질과 관련된 용어정리

1. 품질(Quality)

대상의 고유특성의 집합이 요구사항을 충족시키는 정도이다.

2. 품질관리(Quality Control)

품질 요구사항을 충족하는 데 중점을 둔 품질경영의 일부이다.

3. 품질경영(Quality Management)

품질에 관하여 조직을 지휘하고 관리하는 조정활동이다.

4. 품질보증(Quality Assurance)

품질 요구사항이 충족될 것이라는 신뢰를 제공하는 데 중점을 둔 품질경영의 일부다.

5. 품질방침(Quality Policy)

최고경영자에 의해 공식적으로 표명된 품질 관련 조직의 전반적인 의도 및 방향을 의미한다.

6. TQC(Total Quality Control)

소비자가 만족할 수 있는 품질의 제품을 가장 경제적으로 생산 또는 서비스할 수 있도록 사내 각 부문의 품질개발, 유지, 개선의 노력을 종합하기 위한 효과적인 품질시스템을 의미하며, 전사적 품질관리 또는 종합적 품질관리라 한다.

7. TQM(Total Quality Management)

기업의 경영에 있어 품질을 중심으로 하고, 모든 구성원의 참여와 고객만족을 통한 장기적 성공지향을 기본으로 하여 조직의 구성원과 사회에 이익을 제공하고자하는 조직의 관리방법을 종합적 품질경영이라 한다.

> **Reference** 기타 용어정리
>
> • 4M : 작업자(Man), 기계설비(Machine), 원재료(Material), 작업방법(Method)
> • 7M : 4M+(Management, Money, Market)
> • 5M 1E : 5M(4M+Measurement), Environment

SECTION 02 관리사이클(PDCA 사이클)/Deming 사이클

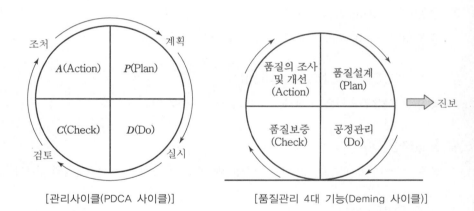

[관리사이클(PDCA 사이클)]　　[품질관리 4대 기능(Deming 사이클)]

SECTION 03 품질의 분류

1. 요구품질(Requirement of Quality)

시장조사, 클레임 등을 통해 파악한 소비자의 요구조건 등을 말하며, 사용품질, 실용품질 또는 고객의 필요(Needs)와 직결된 품질로서 시장품질이라고도 한다.

2. 설계품질(Quality of Design)

기업의 입장에서 소비자가 원하는 품질, 즉 시장조사 및 기타 방법으로 얻어진 모든 정보의 요구품질을 실현하기 위해 제품을 기획하고 그 결과를 시방(Specification)으로 정리하여 설계도면에 짜 넣은 품질이다.

3. 제조품질 또는 적합품질(Quality of Manufacture or Quality of Conformance)

실제로 공장에서 생산 또는 제작 시에 이루어지는 품질로서, 설계품질이 완성되면 이것을 제조공정을 통해서 실물로 실현한다.

기본문제 01

품질의 종류에 속하지 않는 것은?

① 검사품질   ② 시장품질
③ 설계품질   ④ 적합품질

풀이 품질의 종류에는 시장품질(요구품질), 설계품질, 제조품질(적합품질) 등이 있다.

정답 ①

기본문제 02

제조의 목표로서 설정된 품질을 무엇이라 하는가?

① 제조품질   ② 요구품질
③ 시장품질   ④ 설계품질

풀이 설계품질을 제조에서는 목표품질로 잡게 된다.

정답 ④

02 품질코스트

SECTION 01 품질코스트의 정의

요구된 품질(설계품질)을 실현하기 위한 원가라는 개념으로 제품 그 자체의 원가인 재료비나 직접노무비는 품질코스트 안에 포함하지 않으며, 주로 제조경비로서 제조원가의 부분만을 포함한다.

SECTION 02 품질코스트의 종류

구분	분류내용	
a. 예방코스트(Prevention cost ; P-Cost) 불량 발생을 예방하기 위한 코스트	• QC 계획코스트 • QC 교육코스트	• QC 기술코스트 • QC 사무코스트
b. **평가코스트(Appraisal cost ; A-Cost)** 시험·검사 등의 품질수준을 유지하기 위해 소비되는 코스트	• 수입검사코스트 • 완성품검사코스트 • PM코스트	• 공정검사코스트 • **시험/실험코스트**
c. **실패코스트(Failure cost ; F-Cost)** 규격에서 벗어난 불량품, 원재료, 제품 에 의해 발생되는 여러 가지 손실코스트	납품 전의 불량코스트	• 폐기 • **재가공** • **외주불량** • **설계변경**
	무상서비스코스트	• 현지서비스 • 지참(Bring Into) • 서비스 • 대품서비스
	불량대책코스트(재심코스트를 포함)	

SECTION 03	품질코스트의 관계곡선

품질 코스트	예방코스트(Prevention Cost ; P-Cost)	
	평가코스트(Appraisal Cost ; A-Cost)	
	실패코스트(Failure Cost ; F-Cost)	사외실패코스트(External Failure Cost)
		사내실패코스트(Internal Failure Cost)

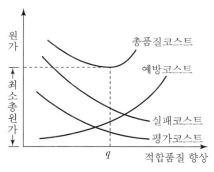

[품질코스트 관계곡선]

Reference 품질코스트

	예방코스트(P-Cost)	평가코스트(A-Cost)	실패코스트(F-Cost)
Feigenbaum	5%	25%	70%
Kirkpatrik	10%	약 25%	50~75%

CHAPTER 03 표준화

광공업품을 제조하거나 사용할 때 모양, 치수, 품질 또는 시험, 검사방법 등을 전
국적으로 통일·단순화시킨 국가규격을 제정하고 이를 조직적으로 보급·활용케
하는 의식적인 노력을 일컫는 말로, 단순화·전문화·표준화(3S)를 통하여 거래
쌍방 간의 문제에 대하여 규격, 포장, 시방 등을 규정하는 것을 말한다.

1. 표준(규격) 기능에 따른 분류

(1) 전달규격 : 계량단위, 제품의 용어, 기호 및 단위 등과 같이 물질과 행위에 관
한 기초적인 사항을 규정하는 규격으로 기본규격이라고도 한다.
(2) 방법규격 : 성분분석, 시험방법, 제품검사방법, 사용방법에 대한 규격을 말한다.
(3) 제품규격 : 제품의 형태, 치수, 재질 등 완제품에 사용되는 규격을 말한다.

2. 사내표준화

회사·공장 등에서 재료, 부품, 제품, 구매, 제조, 검사, 관리 등에 적용할 것을
목적으로 정한 표준으로서, 기업활동을 적절하고도 합리적으로 운영하기 위해 종
업원이 준수하지 않으면 안 될 사내규정을 말한다.

3. 사내표준화의 요건

(1) 실행 가능성이 있는 내용일 것
(2) 당사자에게 의견을 말할 기회를 주는 방식으로 할 것
(3) 기록내용이 구체적이고 객관적일 것
(4) 작업표준에는 수단 및 행동을 직접 지시할 것
(5) 기여도가 큰 것을 채택할 것
   ① 중요한 개선이 있을 때
   ② 숙련공이 교체될 때

③ 산포가 클 때

④ 통계적 수법을 활용하고 싶을 때

⑤ 기타 공정에 변동이 있을 때

(6) 직감적으로 보기 쉬운 표현으로 할 것

(7) 적시에 개정·향상시킬 것

(8) **장기적 방침 및 체계하에 추진할 것**

4. 국제표준화

국가적 표준을 기초로 성립하고, 국가적 표준은 국내의 단체표준 및 사내표준을 기초로 하게 된다. 따라서 국제표준을 정점으로 하여 그 아래에 국가표준, 단체, 사내표준의 순서로 표준화가 형성된다.

📖 **Reference** 국제표준화의 의의

- 각국 규격의 국제성 증대 및 상호이익 도모
- 국제 간의 산업기술 교류 및 경제거래의 활성화(무역장벽 제거)
- 각국의 기술이 국제수준에 이르도록 조장
- 국제 분업의 확립, 개발도상국에 대한 기술개발의 촉진

기본문제 03

사내표준화의 효과를 증진시키기 위하여 갖추어야 할 요건에 해당되는 것은?

① 관계자들의 합의에 의해서 결정할 것

② 구체적이고 주관적인 내용으로 규정될 것

③ 한 번 작성된 내용은 변경 없이 계속하도록 할 것

④ 작업표준에는 수단 및 행동을 간접적으로 지시할 것

풀이 ② 구체적이고 객관적인 내용으로 규정될 것
③ 작성된 내용은 필요에 따라 개선하도록 할 것
④ 작업표준에는 수단 및 행동을 직접적으로 지시할 것

정답 ①

CHAPTER 04 기타 품질관리

SECTION 01 품질관리의 기본도구

1. 파레토그림(Pareto Diagram)

가로축에는 부적합 항목, 세로축에는 부적합수 또는 손실금액을 표시하는 그래프로서, 항상 가장 많은 항목을 왼쪽부터 크기 순으로 그리게 되며, 기타 항목은 크기에 상관없이 제일 오른쪽에 배치하도록 한다. 파레토도라고도 한다.

📖 **Reference** 파레토도의 특징

- 현재의 중요 문제점을 객관적으로 발견할 수 있다.
- 제일 많은 1~2개 부적합품 항목만 없애면 부적합품은 크게 감소한다.
- 도수분포의 응용수법으로 중요한 문제점을 찾아내는 것으로서 현장에서 널리 사용된다.

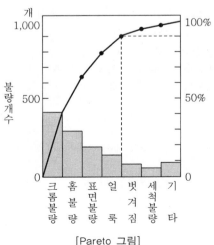

[Pareto 그림]

2. 특성요인도(Characteristic Diagram)

Ishikawa 박사가 **어떤 결과에 요인이 어떻게 관련되어 있는가를 잘 알 수 있도록 작성한 그림**으로, 어떤 결과물(특성)이 나온 원인(요인)들의 구성형태를 브레인스 토밍법을 사용하여 원인과 특성을 찾을 수 있도록 표현한 것이다. 일반적 요인으 로는 4M(Man, Machine, Material, Method)을 사용하고, 그림의 형태가 생선 뼈 모양을 한다고 해서 어골도(魚骨圖, Fish-Bone Chart)라고도 한다.

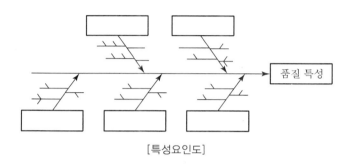

[특성요인도]

3. 히스토그램(Histogram)

길이, 질량, 강도, 압력 등과 같은 계량치의 데이터가 어떤 분포를 하고 있는지를 알아보기 위하여 도수분포표를 작성하고 이를 토대로 일종의 막대그래프 개념으 로 보다 구체적인 형태로 나타낸 것이다.

[작성목적]

(1) **데이터의 분포 모양을 알고 싶을 때**
(2) **원 데이터를 규격과 대조하고 싶을 때**
(3) 데이터의 집단으로부터 정보수집을 하기 위하여
(4) **데이터의 평균과 표준편차를 파악하기 위하여**
(5) **주어진 데이터와 규격을 비교하여 공정의 현황파악을 하기 위하여**
(6) 공정능력을 파악하기 위하여

> 📖 **Reference** 히스토그램(Histogram)에서 사용되는 용어

- 최빈수(M_0) : 도수분포표에서 도수가 최대인 곳의 대표치를 말하는 것으로 모드(Mode), 최빈값이라고도 한다.
- 비대칭도(γ_1) : 비대칭의 방향 및 정도를 나타내며, 왜도(歪度)라고도 한다.
- 첨도(β_2) : 분포곡선에서 정점의 뾰족한 정도를 나타내는 측도를 말한다.

SECTION 02 품질혁신활동

1. 6시그마

(1) 6시그마 경영이란 조직으로 하여금 자원의 낭비를 최소화하는 동시에 고객만족을 최대화하는 방법이다.

(2) 6시그마 수준이란 공정의 중심에서 규격한계까지의 거리가 표준편차의 6배라는 뜻이다.

(3) 6시그마의 추진은 최고경영자의 강력한 의지를 바탕으로 경영자가 주도적으로 추진하여야 하며, 명확한 방침과 고객만족을 위한 목표를 설정하고, 올바른 6시그마 기법의 적용과 이해를 바탕으로 실행단계에서 구체적인 CTQ(Critical To Quality)를 도출하게 된다.

2. 브레인스토밍법(Brainstorming)

Alex Osborn이 고안한 이 방법은 회합인원 6~12명으로 된 회합멤버들이 자유분방하게 사고할 수 있는 분위기 속에서 그룹토의방식으로 주어진 문제에 대한 해결책으로 스스로 아이디어를 만들거나 다른 구성원이 내놓은 아이디어로부터 새로운 아이디어를 만들어 내게 하며, 아이디어 창출과 아이디어 평가를 분리함으로써, 문제에 대한 가능한 한 많은 해결책을 표출해 내는 기법이다.

브레인스토밍법의 4가지 법칙

- '좋다', '나쁘다'라는 비판을 하지 않는다.(비판금지)
- 자유분방한 분위기 및 의견을 환영한다.(자유분방)
- 다량의 아이디어를 구한다.(다량의 아이디어)
- 다른 사람의 아이디어와 결합하여 개선, 편승, 비약을 추구한다.(아이디어 편승)

3. Z.D(Zero Defect)운동

무결점운동으로 1961년 미국의 항공회사인 Martin社에서 로켓 생산의 무결점을 목표로 시작되어 1963년 G.E社가 전 부문을 대상으로 모든 업무를 무결점으로 하자는 운동으로 확대되었다. Z.D운동은 종업원 각자의 노력과 연구에 의해서 작업의 결함을 제로(Zero)로 하여 고도의 제품 품질성, 보다 낮은 코스트, 납기엄수에 의해서 고객의 만족을 높이기 위해 종업원에게 계속적으로 동기를 부여하는 운동이다.

4. 품질관리 분임조

회사 전체의 품질관리활동의 일환으로 전원 참여를 통하여 자기계발 및 상호개발을 행하고, QC수법을 활용하여 직장의 관리, 개선을 지속적으로 행하는 것이다.

Reference 분임조의 기본이념

- 인간성을 존중하고 활력 있고 명랑한 직장을 만든다.
- 인간의 능력을 발휘하여 무한한 가능성을 창출한다.
- 기업의 체질개선과 발전에 기여한다.

CHAPTER 05 기출문제 총정리

1. 품질관리의 기초

01 대상의 고유특성의 집합이 요구사항을 충족시키는 정도를 의미하는 품질 관련 용어를 무엇이라고 하는가? [03 기능장]

① 품질   ② 경영
③ 방침   ④ 보증

> **풀이** 품질(Quality)의 정의
> • 대상의 고유특성의 집합이 요구사항을 충족시키는 정도
> • 어떤 실체가 지니고 있는 명시적이고 묵시적인 요구를 만족시키는 능력에 관계되는 특성의 전체
> • 물품 또는 서비스가 사용목적을 만족시키고 있는지의 여부를 결정하기 위한 평가의 대상이 되는 고유의 성질 또는 성능 전체

02 TQC(Total Quality Control)란? [04 기능장]

① 시스템적 사고방법을 사용하지 않는 품질관리기법이다.
② 애프터서비스를 통한 품질을 보증하는 방법이다.
③ 전사적인 품질정보의 교환으로 품질향상을 기도하는 기법이다.
④ QC부의 정보분석 결과를 생산부에 피드백하는 것이다.

> **풀이** TQC(Total Quality Control)
> 소비자가 만족할 수 있는 품질의 제품을 가장 경제적으로 생산 또는 서비스할 수 있도록 사내 각 부문의 품질개발, 유지, 개선의 노력을 종합하기 위한 효과적인 품질시스템을 의미하며, 전사적 품질관리 또는 종합적 품질관리라 한다.

03 다음 중 품질관리시스템에 있어서 4M에 해당하지 않는 것은? [08 기능장]

① Man ② Machine
③ Material ④ Money

풀이 4M
작업자(Man), 기계설비(Machine), 원재료(Material), 작업방법(Method)

04 관리사이클의 순서를 가장 적절하게 표시한 것은?[단, A는 조치(Act), C는 체크
(Check), D는 실시(Do), P는 계획(Plan)이다.] [07, 12 기능장]

① P → D → C → A ② A → D → C → P
③ P → A → C → D ④ P → C → A → D

풀이 관리사이클(PDCA 사이클)
계획(Plan) → 실행(Do) → 검토(Check) → 조처(Action)

05 품질관리 기능의 사이클을 표현한 것으로 옳은 것은? [09 기능장]

① 품질개선 – 품질설계 – 품질보증 – 공정관리
② 품질설계 – 공정관리 – 품질보증 – 품질개선
③ 품질개선 – 품질보증 – 품질설계 – 공정관리
④ 품질설계 – 품질개선 – 공정관리 – 품질보증

풀이 품질관리 4대 기능(Deming 사이클)
품질의 설계 – 공정의 관리 – 품질의 보증 – 품질의 조사 · 개선

06 소비자가 요구하는 품질로, 설계와 판매정책에 반영되는 품질을 의미하는 것은?

[12 기능장]

① 시장품질 ② 설계품질
③ 제조품질 ④ 규격품질

풀이 요구품질(Requirement of Quality)
시장조사, 클레임 등을 통해 파악한 소비자의 요구조건 등을 말하며, 사용품질, 실용품질 또는 고객의 필요(Needs)와 직결된 품질로서 시장품질이라고도 한다.

2. 품질코스트

07 일반적으로 품질코스트 가운데 가장 큰 비율을 차지하는 것은?   [08, 16, 18 기능장]

① 평가코스트 　　　　　　　　② 실패코스트
③ 예방코스트 　　　　　　　　④ 검사코스트

풀이

품질 코스트	종류	비율(%)
	예방코스트(Prevention Cost ; P-Cost)	5
	평가코스트(Appraisal Cost ; A-Cost)	25
	실패코스트(Failure Cost ; F-Cost)	70

08 품질관리활동의 초기단계에서 가장 큰 비율로 들어가는 코스트는?   [03, 08 기능장]

① 평가코스트 　　　　　　　　② 실패코스트
③ 예방코스트 　　　　　　　　④ 검사코스트

풀이 07번 풀이 참조

09 품질코스트(Quality Cost)를 예방코스트, 실패코스트, 평가코스트로 분류할 때, 다음 중 실패코스트(Failure Cost)에 속하는 것이 아닌 것은?   [11 기능장]

① 시험코스트 　　　　　　　　② 불량대책코스트
③ 재가공코스트 　　　　　　　④ 설계변경코스트

풀이 ①은 평가코스트이고, ②, ③, ④는 실패코스트이다.

10 다음 중 실패코스트에 해당되지 않는 것은?   [19 기능장]

① 실패코스트는 일정수준의 품질이 미달되어 야기되는 손실로 소요되는 바용이다.
② 실패코스트는 내부실패코스트와 외부실패코스트가 있다.
③ 외부실패코스트는 제품을 생산하여 판매를 한 후 발생하는 손실로서 반품. 클레임 등이 있다.

정답 07 ② 　08 ② 　09 ① 　10 ④

④ 수입검사. 공정검사, 완성검사 등 품질에 관한 시험을 평가하여 실패하는 데 드
는 비용이다.

풀이 ④는 평가코스트에 해당된다.

3. 표준화

11 다음 중 사내표준을 작성할 때 갖추어야 할 요건으로 옳지 않은 것은? [09, 19 기능장]

① 내용이 구체적이고 주관적일 것
② 장기적 방침 및 체계하에서 추진할 것
③ 작업표준에는 수단 및 행동을 직접 제시할 것
④ 당사자에게 의견을 말하는 기회를 부여하는 절차로 정할 것

풀이 사내표준화의 요건
- 기록내용이 구체적이고 객관적일 것
- 장기적 방침 및 체계하에 추진할 것
- 실행 가능성이 있는 내용일 것
- 작업표준에는 수단 및 행동을 직접 지시할 것
- 당사자에게 의견을 말할 기회를 주는 방식으로 할 것
- 기여도가 큰 것을 채택할 것
- 직감적으로 보기 쉬운 표현으로 할 것

12 국제표준화의 의의를 지적한 설명 중 직접적인 효과로 보기 어려운 것은?

[10, 18 기능장]

① 국제 간 규격통일로 상호 이익도모
② KS 표시품 수출 시 상대국에서 품질인증
③ 개발도상국에 대한 기술개발의 촉진을 유도
④ 국가 간의 규격통일로 인한 무역장벽의 제거

풀이 국제표준화의 의의
- 각국 규격의 국제성 증대 및 상호이익 도모
- 국제 간의 산업기술 교류 및 경제거래의 활성화(무역장벽 제거)
- 각국의 기술이 국제수준에 이르도록 조장
- 국제 분업의 확립, 개발도상국에 대한 기술개발의 촉진

4. 기타 품질관리

13 다음 중 데이터를 그 내용이나 원인 등 분류항목별로 나누어 크기의 순서대로 나열하여 나타낸 그림을 무엇이라 하는가?　　　　　　　　　　　　[08 기능장]

① 히스토그램(Histogram)
② 파레토도(Pareto Diagram)
③ 특성요인도(Causes and Effects Diagram)
④ 체크시트(Check Sheet)

풀이 파레토그림(Pareto Diagram)

파레토도라고도 하며, 가로축에는 부적합 항목, 세로축에는 부적합수 또는 손실금액을 표시하는 그래프로서, 항상 가장 많은 항목을 왼쪽부터 크기 순으로 그리게 되며, 기타 항목은 크기에 상관 없이 제일 오른쪽에 배치하도록 한다.

　※ 파레토도의 특징
　　• 현재의 중요 문제점을 객관적으로 발견할 수 있다.
　　• 제일 많은 1~2개 부적합품 항목만 없애면 부적합품은 크게 감소한다.
　　• 도수분포의 응용수법으로 중요한 문제점을 찾아내는 것으로서 현장에서 널리 사용된다.

14 파레토그림에 대한 설명으로 가장 거리가 먼 내용은?　　　　　　　[05 기능장]

① 부적합품(불량), 클레임 등의 손실금액이나 퍼센트를 그 원인별, 상황별로 취해 그림의 왼쪽에서부터 오른쪽으로 비중이 작은 항목부터 큰 항목 순서로 나열한 그림이다.
② 현재의 중요 문제점을 객관적으로 발견할 수 있으므로 관리방침을 수립할 수 있다.
③ 도수분포의 응용수법으로 중요한 문제점을 찾아내는 것으로서 현장에서 널리 사용된다.
④ 파레토그림에서 나타난 1~2개 부적합품(불량) 항목만 없애면 부적합품(불량)률은 크게 감소된다.

풀이 13번 풀이 참조

15 문제가 되는 결과와 이에 대응하는 원인과의 관계를 알기 쉽게 도표로 나타낸 것은?

[06 기능장]

① 산포도
② 파레토도
③ 히스토그램
④ 특성요인도

풀이 특성요인도(Characteristic Diagram)
Ishikawa 박사가 어떤 결과에 요인이 어떻게 관련되어 있는가를 잘 알 수 있도록 작성한 그림으로, 어떤 결과물(특성)이 나온 원인(요인)들의 구성형태를 브레인스토밍법을 사용하여 원인과 특성을 찾을 수 있다. 일반적 요인으로는 4M(Man, Machine, Material, Method)을 사용하고, 그림의 형태가 생선뼈 모양을 한다고 해서 어골도(魚骨圖, Fish-Bone Chart)라고도 한다.

16 브레인스토밍(Brainstorming)과 가장 관계가 깊은 것은? [10, 11, 13, 17 기능장]

① 특성요인도
② 파레토도
③ 히스토그램
④ 회귀분석

풀이 특성요인도(Characteristic Diagram)
어떤 결과물(특성)이 나온 원인(요인)들의 구성형태를 브레인스토밍법을 사용하여 원인과 특성를 찾을 수 있다.

17 도수분포표에서 알 수 있는 정보로 가장 거리가 먼 것은? [15 기능장]

① 로트 분포의 모양
② 100단위당 부적합 수
③ 로트의 평균 및 표준편차
④ 규격과의 비교를 통한 부적합품률의 추정

풀이 도수분포표에서 알 수 있는 정보
• 로트 분포의 모양
• 로트의 중심(평균) 및 산포(표준편차)
• 로트의 품질상태(부적합품률의 정도)

18 도수분포표를 작성하는 목적으로 볼 수 없는 것은?　　　　　　　[02, 11 기능장]

① 로트의 분포를 알고 싶을 때
② 로트의 평균치와 표준편차를 알고 싶을 때
③ 규격과 비교하여 부적합품률을 알고 싶을 때
④ 주요 품질항목 중 개선의 우선순위를 알고 싶을 때

풀이 도수분포표의 작성목적
- 데이터의 분포를 알고 싶을 때
- 원 데이터를 규격과 대조하고 싶을 때
- 데이터의 집단으로부터 정보수집을 하기 위하여
- 데이터의 평균과 표준편차를 파악하기 위하여
- 주어진 데이터와 규격을 비교하여 공정의 현황파악을 하기 위하여
- ※ ④는 파레토그림을 작성하는 목적에 해당된다.

19 도수분포표를 만드는 목적이 아닌 것은?　　　　　　　　　　　[02 기능장]

① 데이터의 흩어진 모양을 알고 싶을 때
② 많은 데이터로부터 평균치와 표준편차를 구할 때
③ 원 데이터를 규격과 대조하고 싶을 때
④ 결과나 문제점에 대한 계통적 특성치를 구할 때

풀이 18번 풀이 참조

20 도수분포표에서 도수가 최대인 계급의 대푯값을 정확히 표현한 통계량은?

[14, 19 기능장]

① 중위수　　　　　　　　　　② 시료평균
③ 최빈수　　　　　　　　　　④ 미드 – 레인지(Mid – Range)

풀이 최빈수(M_0)
　도수분포표에서 도수가 최대인 곳의 대표치를 말하는 것으로 모드(Mode), 최빈값이라고도 한다.

21 도수분포표에서 도수가 최대인 곳의 대표치를 말하는 것은?　　[02, 04 기능장]

① 중위수　　　　　　　　　　② 비대칭도
③ 모드(Mode)　　　　　　　　④ 첨도

정답 18 ④　19 ④　20 ③　21 ③

풀이 최빈수(M_0)
도수분포표에서 도수가 최대인 곳의 대표치를 말하는 것으로 모드(Mode), 최빈값이라고도 한다.

22 미국의 마틴 마리에타社(Martin Marietta Corp.)에서 시작된 품질개선을 위한 동기부여 프로그램으로, 모든 작업자가 무결점을 목표로 설정하고, 처음부터 작업을 올바르게 수행함으로써 품질비용을 줄이기 위한 프로그램은 무엇인가?

[11, 14, 19 기능장]

① TPM 활동   ② 6시그마 운동
③ Z.D운동   ④ ISO 9001 인증

풀이 Z.D(Zero Defect)운동
무결점운동으로 Martin社에서 로켓 생산의 무결점을 목표로 시작되어 1963년 G.E社가 전 부문을 대상으로 모든 업무를 무결점으로 하자는 운동으로 확대되었다. Z.D운동은 종업원 각자의 노력과 연구에 의해서 작업의 결함을 제로(Zero)로 하여 고도의 제품 품질성, 보다 낮은 코스트, 납기엄수에 의해서 고객의 만족을 높이기 위해 종업원에게 계속적으로 동기를 부여하는 운동이다.

23 "무결점 운동"으로 불리는 것으로 미국의 항공사인 마틴사에서 시작된 품질개선을 위한 동기부여 프로그램은 무엇인가?

[07, 11 기능장]

① ZD   ② 6시그마
③ TPM   ④ ISO 9001

풀이 22번 풀이 참조

24 근래 인간공학이 여러 분야에서 크게 기여하고 있다. 다음 중 어느 단계에서 인간공학적 지식이 고려됨으로써 기업에 가장 큰 이익을 줄 수 있는가? [14 기능장]

① 제품의 개발단계   ② 제품의 구매단계
③ 제품의 사용단계   ④ 작업자의 채용단계

풀이 제품의 개발단계에서 인간공학적 지식이 고려됨으로써 기업에 큰 이익을 줄 수 있다.

기능장 시험 대비 **공업경영**

발행일 | 2021. 6. 30   초판 발행

저   자 | 배극윤
발행인 | 정용수
발행처 |  예문사

주 소 | 경기도 파주시 직지길 460(출판도시) 도서출판 예문사
T E L | 031) 955 – 0550
F A X | 031) 955 – 0660
등록번호 | 11 – 76호

정가 : 10,000원

ISBN 978–89–274–4048–2 13320